# 儿童
## 戏剧游戏
### 爱上科普

徐幼萍◎主编

北京日报出版社

图书在版编目（CIP）数据

儿童戏剧游戏 : 爱上科普 / 徐幼萍主编 . -- 北京：
北京日报出版社 , 2023. 10
ISBN 978-7-5477-4638-7

Ⅰ . ①儿… Ⅱ . ①徐… Ⅲ . ①儿童剧—表演艺术—学
前教育—教学参考资料 Ⅳ . ① G613.5

中国国家版本馆 CIP 数据核字 (2023) 第 119101 号

**儿童戏剧游戏 : 爱上科普**

出版发行：北京日报出版社

地　　址：北京市东城区东单三条 8-16 号东方广场东配楼四层

邮　　编：100005

电　　话：发行部：（010）65255876

　　　　　总编室：（010）65252135

印　　刷：香河县宏润印刷有限公司

经　　销：各地新华书店

版　　次：2023 年 10 月第 1 版

　　　　　2023 年 10 月第 1 次印刷

开　　本：880 毫米 × 1230 毫米　　1/32

印　　张：5.75

字　　数：110 千字

定　　价：58.00 元

# 编写委员会

# 序

　　获悉张家港市机关幼儿园的《儿童戏剧游戏》即将与广大公众见面，我很兴奋！

　　初次接触张家港市机关幼儿园的科普剧始于 2011 年，那是他们科普剧创作的起步之年，该园创作的第一部科普剧《小兔子借尾巴》，无论剧本创作还是舞台表演方面都略显稚嫩，但老师和孩子们积极投入的热情却非常令人赞叹。之后，在机关幼儿园创作团队的不懈努力和探索创新下，一部又一部优秀的科普剧精彩地呈现在了公众面前，一个又一个国家级、省级和市级荣誉也实至名归地接踵而来。

　　2020 年 9 月，习近平总书记在科学家座谈会上强调："好奇心是人的天性，对科学兴趣的引导和培养要从娃娃抓起，使他们更多了解科学知识，掌握科学方法，形成一大批具备科学家潜质的青少年群体。"加强科学教育，重点在于激发孩子的好奇心，培养孩子的科学精神和创新能力。许多科学工作者在回顾自己的成长历程时都普表示，孩提时代种下的科学梦想，会在日后的科研岁月中苗壮成长。

　　科学普及作为提升全民科学素质的重要手段和途径，开展的形式和效果都将直接影响公众对科学知识的理解、对科学方法的掌握和对科学精神的追求。科普剧和科学创意变变变表演作为新的、独特的科普形式，将科学内容以艺术演出的形式进行演绎，让小观众可以从表演中了解必要的科学知识、掌握基本的科学方法、树立科学思想、崇尚科学精神，是科学与艺术的完美结合，具有强大的生命力和广泛的社会影响力。而科普剧和创意变变变的创作与表演对于创作者和表演者来说，不仅是学习和理解科学知识的过程，也是将高深的科学知识转化成浅显易懂、让人喜闻乐见的艺术形式的过程。

张家港市机关幼儿园以"为每一个孩子预约一生的绽放"为办园定位，坚持以科技教育为重点，不断彰显"科技启智、艺术养性"的园本特色，他们用科普剧和创意变变变这样科学与艺术完美融合的科技教育模式，让孩子在参与表演和观看表演中潜移默化地了解科学知识、激发科学好奇心。这不仅完全契合了对科学兴趣的引导从娃娃抓起的教育要求，更对全民科学素质的提升从娃娃抓起做出了积极的探索，值得称赞！

借此《儿童戏剧游戏》的出版和推广，我们希望能有机会看到更多的幼儿园师生参与到科普剧的创作中……期待更多的孩子能以科学教育为翼，激发科学探索的兴趣，奔向科学的星辰大海。

曾川宁

江苏省科学技术馆

2022 年 10 月 8 日

# 前言

　　在与孩子们一起进行科普的日子里，我们一直在体会一种生活方式，在思考人与自然、人与社会、人与自己是怎样的一种关系，该如何相处。我们尝试寻找一种让科普变得有趣、有力量的方式，于是孩子们变成小小科普创作家、小小科普表演家、小小科普传播家……

　　我们创作了《美叮当的烦恼》《城里老鼠和山里老鼠》《给大象医生献宝》《流星奇缘——动植物医生》等一系列科普剧，让孩子在欢乐的游戏中，探秘大自然的神奇魔力，爱上科普，激发孩子对周围环境与人类生活关系的认知兴趣，从小在孩子心中播下科普的种子，让孩子感受科普的意义。

　　每一个科普剧都有自己的生命，充满力量，自带光芒。它让我们的生命充满生生不息的流动感与创造力，给予孩子更辽阔的视野去看世界，去思考未来而行于当下。孩子们经历疑问与探索、好奇与遐想、思维与表达……最终抵达心灵最深处。科普剧让孩子的世界更美好，让我们的世界更明亮！

徐幼萍

2023 年 4 月 26 日

# 目录

★ **科普剧**

## ★ 创意变变变

科普剧

# 小兔子借尾巴

请扫码观看哦！

## 服　装

小兔子：白色紧身长袖连衣裤、粉色紧身吊带衣、白色舞蹈鞋、兔子头饰

兔妈妈：白色纱裙、兔子头饰

小松鼠：棕色连体衣、松鼠头饰

黄牛伯伯：黄色连体衣、黄牛头饰

燕子阿姨：黑白相间连体衣、燕子头饰

小壁虎：绿色连体衣、绿尾巴（用尼龙搭扣连接，方便取、粘）、壁虎头饰

大灰狼：灰色连体衣、大灰狼头饰

花朵：白色紧身长袖连衣裤、粉色短裙、粉色小花头饰、白色舞蹈鞋

## 场　景

第五幕　生日快乐

# 人　物

小兔子：善良、可爱

兔妈妈：专业、热情

小松鼠：勤劳、能干

黄牛伯伯：憨厚、老实

燕子阿姨：友善、机灵

小壁虎：灵敏、机智

大灰狼：冷酷、危险

花朵：甜美、可爱

# 第一幕　准备庆生

森林里，湖边，鸟语花香。道具有大草丛两个。音乐声响起。

**花朵：**春天，是一个美丽的季节！花儿开了，草儿绿了，小树发芽了，小鸟在快乐地歌唱，蝴蝶在翩翩起舞，燕子也飞回来啦，小动物们都从沉睡中醒来了。

【歌声响起。不同种类的动物分别出场，一起舞蹈，展现春天森林里热闹的场面。】

花朵：咦，这么多的小动物都要去哪儿呢？原来，他们都赶着去参加兔宝宝的生日派对呢！

【轻松欢快的音乐响起。小兔子出场。】

小兔子：森林里，朋友多，你唱我跳真热闹，大家为我过生日，乐得我心里花一朵！我呀，一定要打扮得漂漂亮亮的。（简单舞蹈动作后环顾四周）

【小兔子来到一个湖边，对着湖水仔细地照了又照。】

小兔子：还不错！可是，我的尾巴又短又小，左看右看都不好！想想心里真懊恼，急得我呀直跺脚！怎么办呢？（动作表演做思考状）

## 第二幕　初借失败

森林里，空地上，小动物出没。道具有大草丛两个。音乐声起。小松鼠从大树后跳出来觅食，小兔子看见小松鼠，脸上露出了高兴的笑容。音乐声起。

小兔子（欢快地）：有了！

小兔子：松鼠姐姐，松鼠姐姐，你能把你的尾巴借我用用吗？

　　**小松鼠**：不行不行，我可不能把尾巴借给你！

　　**小兔子**：为什么呀？

　　**小松鼠**：森林里，大树上，晚上气温真是凉；我的尾巴毛茸茸，热乎乎，当成被子盖身上。

小兔子觉得自己的尾巴又短又小，它向松鼠姐姐借尾巴，小松鼠说："我的尾巴要当被子盖，还可以做降落伞，你还是去问问别人吧！"

5

**小兔子：**哦，那你白天借给我，到了晚上我再还你，行吗？

**小松鼠：**不行，我的尾巴是宝贝，跳上跳下都不怕，就像一把降落伞。所以啊，我可万万不能离开它！

【小松鼠说完退场。】

**小兔子**（跺脚，接着向前跳）：唉！

【音乐声起。小兔子忽然看见了黄牛伯伯，赶紧走过去。】

**小兔子：**黄牛伯伯，黄牛伯伯，你能把你的尾巴借我用用吗？

**黄牛伯伯：**不行不行，我可不能把尾巴借给你！

**小兔子：**为什么呀？

**黄牛伯伯：**我的尾巴用处大，苍蝇来了全靠它，晚上蚊子来咬我，我用尾巴消灭它！你还是去问问别人吧！

【黄牛伯伯说完退场。】

**小兔子：**唉！

【音乐声起。小兔子噘起嘴巴又沮丧地向前跳，忽

然看见燕子阿姨飞来了。】

小兔子向黄牛伯伯借尾巴，黄牛伯伯说："我的尾巴要赶苍蝇和蚊子，你还是去问问别人吧！"

　　**小兔子：** 燕子阿姨，燕子阿姨，你能把你的尾巴借我用用吗？

　　**燕子阿姨：** 不行啊，我可不能没有尾巴呀！

　　**小兔子：** 你的尾巴有什么用呢？

小兔子向燕子阿姨借尾巴，燕子阿姨说："我的尾巴要用来保持身体平衡，你还是去问问别人吧！"

**燕子阿姨：**我的尾巴是个万能舵，平衡身体全靠它，若是随便借给你，我跌跌撞撞还像啥？你还是去问问别人吧！

【燕子阿姨说完退场。】

## 第三幕　　意外惊吓

森林深处，危机四伏。道具有大草丛两个。音乐声起。小兔子垂头丧气地走着，突然和远处飞奔而来的小壁虎撞了个满怀。

**小兔子**（揉揉脑袋）：哎哟！哎哟！是谁走路不长眼，害我头上撞个包？

**小壁虎**（慌忙从地上爬起来）：对不起！对不起！刚才有条大花蛇在追我，我拼命地逃，幸好有我的尾巴掩护，这才得以脱险！

**小兔子**（看到小壁虎掉在地上的断尾，尖叫起来）：不好了，不好了！蛇……蛇……蛇追上来啦……

**小壁虎**（看了看，不屑地）：这哪是蛇呀，这分明是我刚才断掉的尾巴！

**小兔子**：这是你的尾巴？你的尾巴会断掉？（做思考状）有了！（做一欢快的动作）你能把你断掉的尾巴借我用用吗？

小壁虎说："我的尾巴断了以后，会长出新尾巴。我把尾巴借给你吧！"小兔子装上了小壁虎的尾巴真高兴！

**小壁虎**（非常爽快）：好，好，好，反正不用多久，我又会长出新尾巴的！

**小兔子**（拉着小壁虎的手，非常高兴）：还是小壁虎对我最好，只有你愿意把尾巴借给我，你是我真正的朋友！

【小兔子和小壁虎挥手告别。小壁虎退场。】

【小兔子把壁虎的尾巴粘在自己的短尾巴上，扬扬自得。音乐深沉。大灰狼在草丛后探头探脑，突然他一声狼嚎，蹿出了草丛，张着血盆大口，扑向了小兔子。】

**小兔子**（慌忙逃跑）：救命！救命！

【小兔子踩到了自己刚粘好的长尾巴。大灰狼紧紧追赶，就在他快要抓住小兔子时，兔妈妈举着木棍出现了。】

**兔妈妈**（大声呵斥）：快走开！快走开！

【小松鼠、燕子阿姨、黄牛伯伯、小壁虎等小动物出场。】

**小松鼠、燕子阿姨、黄牛伯伯、小壁虎**：快走开！快走开！小兔子不要怕，我们来帮你啦！

【小兔子紧紧地躲在妈妈身后。大灰狼被吓跑了。】

**小兔子**：呜呜——

**兔妈妈**：宝贝，别哭啦！你看大灰狼都逃走了，没事啦！

【在妈妈的安慰下，小兔子渐渐停止哭泣。】

## 第四幕　妈妈解惑

森林空地上，小动物出没。道具有大草丛两个。音乐声起。

**兔妈妈**（指着小兔子的尾巴）：你的尾巴怎么会变成这样？

**小兔子**：我的尾巴又短又粗，于是想要借尾巴。可是没人肯借我，只有小壁虎愿意把他断下来的尾巴借给我。

**兔妈妈**：傻孩子，刚才你拖着长尾巴，好危险啊！别看我们的尾巴又短又粗，但可以快速逃生。（舞蹈动作）小小尾巴短又粗，样子难看作用大，要是坏人来侵犯，保全自己全靠它！

**小兔子**（点点头，摇摇尾巴）：哦，原来是这样！以后，我再也不会为自己短小的尾巴而难过了。

【其他动物也一起点头呼应。】

**兔妈妈**：每个动物宝宝的尾巴都有用处。

来了一只大灰狼，小兔子拖着长尾巴跑得慢，差点儿被抓住，兔妈妈赶走了大灰狼，告诉小兔子："我们的尾巴虽然短，但可以保护自己哟！"小兔子明白了，它再也不去借尾巴了。

**小壁虎**：我知道！（舞蹈动作）我们壁虎尾巴本领大，遇到危险扯断它，留下尾巴骗敌人，身体赶紧逃生去。

**小兔子**：哦，原来是这样。难怪刚才我把壁虎的断尾巴当成了蛇。

**小动物一起**（和观众互动）：小朋友，你们有尾巴吗？你们的尾巴在哪里呢？

小兔子：只有尾椎骨？让我来问一下我的妈妈吧！

兔妈妈（蹲下）：人类的祖先也有长长的尾巴，因为在进化的过程中不需要尾巴了，所以慢慢就退化，尾巴就消失啦！不信，大家可以摸一下哦！

# 第五幕　生日快乐

森林里，湖边，鸟语花香。道具有大草丛两个。音乐《生日快乐》响起。所有小动物和花朵出场。

小动物们和花朵们（一起喊）：兔宝宝，兔宝宝，快来啊，生日派对马上要开始啦！

小兔子和兔妈妈：哎——来啦！

【欢快的歌声响起。小兔子和兔妈妈被小动物们围在中间，所有小动物和花朵集体舞蹈。】

# 美叮当的烦恼

请扫码观看哦！

# 服　装

魔法棒：黑色上衣、黑色裙裤、黑皮鞋、黑色披风、尖顶黑色魔法帽、一根魔法棒

美叮当：红色无袖背心、红色裙裤、黑短靴、红色纱尾巴

米奇：白色亮皮短袖上衣、黑色短裤、黑皮鞋、红手套、黑框眼镜

太阳：黄色上衣有红色火焰、黄色裙裤有红色火焰、黑皮鞋、黑色头箍中间有红色火焰

云：浅蓝色蓬蓬裙、黑舞鞋、卷发

风：白底加红色蓬蓬裙、白色丝质披风、黑舞鞋、披肩长发

墙：黄色背心、黑色裤子、黑皮鞋，八堵硬纸盒墙

老鼠妈妈：黑金紧身连衣裤、红色吊带、黑色蓬蓬裙、黑短靴、黑红蝴蝶结、米老鼠头饰

其他小老鼠：黑短裙、红色吊带、黑鞋子、米老鼠头饰

美叮当的烦恼

# 场　景

第一幕　神奇的魔法棒

第二幕　胆小的美叮当

第三幕　你愿意保护我吗？

第四幕　战胜困难靠自己

# 人　物

魔法棒：聪慧、纯朴，男孩

美叮当：可爱、胆小，女孩

米奇：善良、乐于助人、相貌平平，男孩

太阳：阳光、热情，男孩

云：温柔、轻盈，女孩

风：力大、执着，女孩

墙：坚实、可靠，男孩八个

老鼠妈妈：温暖、慈爱

其他小老鼠：可爱、活泼，男女混合，共八只

## 第一幕　神奇的魔法棒

音乐声起，灯光昏暗。鸿蒙初开，天地混沌。太阳、云、风、墙在舞台中间。

旁白：很久很久以前，从天宫掉下来一根魔法棒。这根魔法棒十分神奇——被它点到的东西就会有生命，就会说话。小朋友，让我们一起去看看吧！

【魔法棒绕着太阳、云、风、墙转一大圈。】

旁白：魔法棒绕着太阳转一圈，首先点到了太阳（魔法的声音），于是太阳会说话了。

太阳（向前走一步，双手像火焰一样舞动）：大家好，我是太阳。我会给你们带来光明！（回到原位）

旁白：然后魔法棒点到了云（魔法的声音），于是云会说话了。

云（轻盈地向前走一步）：大家好，我是云。天空就是我的家。（回到原位）

旁白：魔法棒点到了风（魔法的声音），于是风会说话了。

风（向前走两步）：大家好，我是风。（风吹的声

音）别怕，我不会伤害你们的。（回到原位）

"大家好，我是云。天空就是我的家。"
"我是风。别怕，我不会伤害你们的。"

旁白：魔法棒又点到了墙（魔法的声音），于是墙也会说话了。

墙（慢慢地向前走一步）：大家好，我是墙。我会为你们遮风挡雨。（回到原位）

旁白：最后，"咔"的一声，你们猜怎么了？哈哈，魔法棒掉到了一个老鼠村里（魔法的声音）。于是老鼠村的所有东西都有了生命，都会说话了！小朋友，你们想去老鼠村里看一看，玩一玩吗？

　　**台下观众**："想——"（背景音乐响起）

　　**旁白**：嘘，轻点儿，我带你们去！

【魔法棒、太阳、云、风、墙退场。】

## 第二幕　胆小的美叮当

　　音乐声起。背景为热闹的老鼠村。八只小老鼠背对观众蹲坐。

　　**旁白**：鲜花在微笑，小鸟在唱歌，太阳和老鼠们在捉迷藏，就连房子都在眨巴着眼睛——真是一个童话般的世界。

【歌声中，小老鼠们集体舞蹈。】

　　**美叮当**（模特步绕场一周）：我的名字叫作美叮当，我的口头禅是："噢，我的天！这是为什么呢？"我很可爱，不过，我又很胆小，这是我最大的烦恼！这可怎么办呢？有了，找个最强的人来保护我。

　　**米奇**（从舞台另一侧出场）：美叮当，美叮当！

　　**美叮当**（不屑）：你个丑米奇！哼……（退场）

草地上鲜花在微笑，
小鸟在唱歌，
太阳和老鼠们在捉迷藏……

米奇：大家好，我是米奇。虽然我很丑，但是我很善良，乐于帮助别人。我的口头禅就是："我可以帮你吗？"

## 第三幕　你愿意保护我吗？

音乐声起。背景为太阳。美叮当、太阳边舞蹈边出场。

**美叮当：** 太阳好温暖，好阳光啊！我的脸怎么这么烫？难道，我喜欢上你了！噢，我的天！这是为什么呢？

**美叮当：** 太阳哥哥，我喜欢你！瞧，我都脸红了。你愿意保护我吗？

**太阳：** 我非常愿意！世界上我最强大，我愿意保护你！

**美叮当：** 嗯，我已经感觉到你的温度了！

**米奇**（画外音）：太阳表面的温度约为5500摄氏度，虽然离我们很远很远，但我们也能感觉到它的热量。

**美叮当：** 太阳，太阳，请不要这样看着我，我会害羞得睁不开眼。

**米奇**（画外音）：那是因为太阳散发的强光，刺激了你的眼睛。太阳会发射紫外线，紫外线可以杀菌，但是多晒太阳，你就会受伤的！

【音乐声起。背景为云朵。乌云边舞蹈边出场，最后的定格动作把太阳遮住。】

**太阳：**不要，不要！（太阳退场）

**美叮当：**噢，我的天，这是为什么呢？我的太阳哥哥，我的太阳哥哥呀。阿嚏……

**米奇：**太阳再厉害，还不是被云挡住了？美叮当，我可以帮你吗？

**美叮当：**你个丑米奇，我才不要你帮呢。哼！

**美叮当：**强大的乌云姐姐，你可以挡住太阳，你好伟大啊，我喜欢你！你愿意保护我吗？

**乌云：**我非常愿意！世界上我最强大，我愿意保护你！

**米奇**（画外音）：太阳一直在，只是你看不见，你的眼里只有乌云。

**米奇：**美叮当，小心点儿哟！

**美叮当**（不小心摔了一下）：你个丑米奇，我才不要你帮呢。哼！

【音乐声起。风边出场边舞蹈，最后把乌云赶走了。】

乌云（边说边退场）：不要赶我走，不要赶我走，我是最厉害的……

美叮当：亲爱的乌云姐姐，请你一定要留下来陪我！噢，我的天！这是为什么呢？

美叮当：原来，原来风才是最厉害的。风姐姐，请你抱抱我好吗？（做拥抱动作）我怎么抱不住你啊？

米奇（画外音）：风只是流动的空气，空气是抓不住的！

美叮当：可是我明明看见风了啊！那灰色的就是风。

米奇（画外音）：那只是风刮起的沙土。

美叮当：可是我怎么哭了？

米奇（画外音）：那是因为沙土被你揉进了眼睛。

美叮当：我不相信，我不相信！风姐姐，我喜欢你！你愿意保护我吗？

风：我非常愿意！世界上我最强大，我愿意保护你！

【音乐声起。八堵墙边舞蹈边出场，最后把风赶走。大风呼呼地刮着，边舞蹈边退场。】

美叮当（抚摸着好痛好痛的额头）：噢，我的天！这是为什么呢？

米奇：美叮当，我可以帮你吗？

美叮当：你个丑米奇，我才不要你帮呢！哼。

美叮当：墙叔叔，我感觉你好大好大。你愿意保护我吗？

墙：世界上我最强大，美叮当，我愿意保护你！

【地震声响起。】

地震了！地震了！
快跑！快跑！

米奇：地震了！地震了！美叮当快跑！美叮当快跑！

老鼠妈妈（从舞台一侧边跑边喊）：地震了，地震了！大家快离开房子，什么都不要拿，到空地上来！请注意保护好你们的头，不要被掉落的东西砸伤！不要沿着墙走！不要在路灯下停留……

美叮当：墙叔叔，我们赶紧逃走吧。

墙：其实我也想逃走，可是我没有脚！傻孩子，你快走吧，我已经站不住了，我要倒下来了！

## 第四幕　战胜困难靠自己

音乐声起。墙倒塌了。

老鼠妈妈：美叮当，我的宝贝女儿，你在哪里呀？

美叮当：救命啊……救命啊……

米奇：美叮当，我来了！我来帮助你！

米奇：地震自救要学习，镇定自若不要怕；安全有序往外跑，疏散不及钻桌下；被困废墟把嘴捂，相信自己会得救；救助未到不要急，如有可能往外爬；听到声音要求救，战胜困难要坚持。（配合动作表演）

**美叮当**：噢，我知道了。小朋友，地震来了还有什么自救的方法呢？噢，原来是这样的。

**美叮当**：米奇，你才是这个世界上本领最大、最帅的老鼠，我要和你在一起！

**米奇**：小朋友，你们说，好吗？

**米奇**：美叮当，我会永远和你在一起，帮助你、保护你！让你永远没有烦恼！

**美叮当**：米奇，谢谢你，从此我将再也没有烦恼……噢，我忽然明白了，完全依靠别人是不行的，只有自己不断学习，才能掌握自我保护的知识技能。不过，我们还是好朋友！还有你们，亲爱的小朋友们，谢谢你们！

【音乐起。全体演员出场跳舞。表演结束。】

科普剧

# 城里老鼠和山里老鼠

请扫码观看哦！

# 服　装

米妮（城里老鼠）：玫红色短上衣、玫红色短裤、白色裙摆、白手套、玫红色蝴蝶结、银色短靴

叮叮（山里老鼠）：宝蓝色上衣、宝蓝色中裤、黑皮鞋、蓝色蝴蝶结、白手套

当当（山里老鼠）：红色上衣、红色中裤、黑皮鞋、红色蝴蝶结、白手套

小老鼠甲：黑色上衣、黑色中裤、黑皮鞋、黑色蝴蝶结、白手套，蒸地瓜一盆

小老鼠乙：黑色上衣、黑色中裤、黑皮鞋、黑色蝴蝶结、白手套，野菜饺子一盆

山林里的小动物们：白色芭蕾舞裙、白色连裤袜、不同动物头饰、红色芭蕾舞鞋

烟囱：园服

高楼：园服

汽车：园服

摩托车：园服

卡车：园服

公交车：园服

小朋友甲、丙（男）：淡蓝色衬衫、白色西装短

裤、背带、领结、黑皮鞋

小朋友乙、丁（女）：淡绿色纱裙、淡绿色头饰

# 场 景

第一幕　山林相遇

第二幕　乡村故事

第三幕　城市奇遇

第四幕　环保倡议

# 人 物

米妮（城里老鼠）：时尚、矫情

叮叮（山里老鼠）：朴素、没见识

当当（山里老鼠）：朴素、没见识

小老鼠甲：朴素、没见识

小老鼠乙：朴素、没见识

山林里的小动物们：朝气蓬勃、活泼好动

烟囱：枯燥，五个

高楼：枯燥，五个

汽车：科技感

摩托车：科技感

卡车：科技感

公交车：科技感

小朋友甲、丙（男）：活泼、热情、乐于助人

小朋友乙、丁（女）：活泼、热情、乐于助人

# 第一幕　山林相遇

音乐和鸟叫声起。寂静的山林被晨曦笼罩。

**旁白：** 太阳升起的时刻，最先把远处的山头照亮。远离城市的山林，此刻正飘起冉冉炊烟。耳边传来清脆的口哨声——小动物们集合啦！

【歌声响起，小动物们一起晨练。】

**叮叮：** 吱吱吱——我是快乐的山里老鼠，我的名字叫叮叮。

**当当：** 吱吱吱——我是快乐的山里老鼠，我的名字叫当当。

**叮叮：** 妹妹，我们出去找吃的吧！

**当当：** 哥哥，等等我！

绿水青山就是我们的家，
我们是山里老鼠叮叮和
当当。

【音乐声中，娇贵的城里老鼠米妮出场。】

**米妮：**我是城里老鼠米妮。哇！这是什么地方？蓝蓝的天，白白的云，绿绿的树，好美啊！可是，我实在太饿了，唉，还是休息一会儿吧！

**叮叮：**嘘！好像有人来了。

**当当：**哥哥，那不会是猫吧？

**叮叮：**妹妹，我看她虽然穿得比我们好看，但是，她还是一只老鼠！

**米妮：**我是米妮，我快饿死了！你们是谁啊？

**叮叮：**我是老鼠哥哥叮叮。

**当当：**我是老鼠妹妹当当。

**叮叮、当当：**欢迎你来山里做客！

## 第二幕　乡村故事

轻快的音乐响起。三只老鼠上路了，去往老鼠山庄。

**叮叮：**米妮，你看！那就是我们的家。

**米妮：**啊？好矮的茅屋，好乱的草堆啊！

**当当：**可是，这里有清澈的小河，有快乐的小伙伴啊！

**米妮：**我快要饿死了，快给我找点儿好吃的吧！

**小老鼠甲：**好吃的来喽——蒸地瓜。

**米妮：**哦，不！我不喜欢吃蒸地瓜。

**小老鼠乙：**好吃的来喽——野菜饺子。

**米妮：**哦，不！我不喜欢吃野菜饺子。

**小老鼠甲、乙：**难道你不喜欢吃世界上最美味的地瓜和野菜吗？

　　**米妮：** 我要吃饼干、奶酪和牛肉干！

天然绿色无污染，
好吃的地瓜送给你。

　　**小老鼠甲、乙：** 没有！

　　**米妮：** 这个可以有！

　　**小老鼠甲、乙：** 这个真没有！要不，我们吃生地
瓜？可脆爽了！

米妮：就这些，怎么对得起我的肚子呀？

小老鼠甲、乙：这里真的只有地瓜和野菜。你要不吃，我们就拿走了！

米妮：别别别，我还是委屈一下吧！（吃一口丢掉）

【小老鼠甲、乙退场】

米妮：唉！这是我吃过的最难吃的东西！我们城市里好吃的东西可多了！

叮叮、当当：哦？城市在哪里呀？

米妮：看！远处有很多高楼的地方就是城市！

当当：城市是什么样子的呢？你可以带我们去看看吗？

米妮：当然可以了，我可以带你们去吃天下最好吃的东西。

叮叮：那我们赶紧出发吧！

【轻快的音乐声响起。三只老鼠再次上路，向城市进发。】

## 第三幕　城市奇遇

城市里，高楼林立，下酸雨，有雾霾。

当当：快看快看！好高的楼房啊！

我是一只生活在城市里的老鼠，看我穿的裙子多漂亮啊！

叮叮（疑惑）：是下雨了吗？（疑惑地抬头看天空）

【下雨声响起。】

当当（疑惑）：下雨啦！我最喜欢下雨啦！可是，我身上怎么感觉有点儿痛呢？

米妮：大惊小怪，这是酸雨，我们城市里经常有的。

**叮叮**（惊讶）：酸雨？什么是酸雨？

**当当**（惊讶）：怎么会有酸雨呢？

**米妮**：哼！没文化！城市里，人们大量烧煤，机动车排放大量尾气。雨、雪会溶解这些气体，形成酸雨。酸雨对土壤、水、森林、建筑都有危害呢！

**叮叮**：这就是你生活的天堂吗？

**当当**：这就是你念念不忘的城市吗？

**米妮**：嗯！这里有吃不完的美食。来到城市，就来到了天堂，就是幸福的老鼠。

【刮风的声音响起。】

**旁白**：一阵风吹过来，并没有带来食物的芳香，而是吹来白茫茫的雾气。

【叮叮、当当、米妮退场。音乐声中，高楼大厦、大烟囱和四辆机动车——小汽车、摩托车、卡车、公交车，分别入场。】

**烟囱**：我是烟囱。我每天都会喷出很多很多的烟雾！

**高楼**：我是高楼。我能让大风减慢速度，让空气中悬浮的微粒越聚越多！

**汽车、摩托车、卡车、公交车：**我是小汽车，我是摩托车，我是大卡车，我是公交车。我们的排气管每天都会排出很多很多废气！

**当当：**这难道是人间仙境？

**叮叮：**天上那圆圆的是月亮吗？

**米妮：**不！现在是中午，头顶的当然是太阳啊！大惊小怪，这是雾霾而已，在我们城市里经常遇到。

**叮叮：**雾霾？为什么？

**米妮：**人类排放大量工业和民用废气，工地和交通会扬尘，这些细小颗粒悬浮在空中，一旦超过大气的循环能力，就会形成雾霾。雾霾会携带细菌和病毒，对人的健康危害很大！

**当当：**哎呀！雾霾好可怕！

**叮叮：**我们还是回到山里吧！

**米妮：**你们不愿意待在城市了吗？你们不想吃最好的美食了吗？

**叮叮：**我们更喜欢新鲜的空气！

**当当：**我们更喜欢清清的河水！

**米妮：**不要着急，一切都会好起来的！

【叮叮当当挥手告别。】

**米妮：**不要走，不要走！

【米妮伤心地哭了。】

## 第四幕　环保倡议

垃圾分类，绿树成荫，步行少开车。

**米妮**（与观众互动）：不行，我要让我们的城市恢复原来的美貌。可是，我该怎么做呢？大家愿意帮助我吗？

**小朋友甲、乙、丙、丁：**别急别急，让我们来帮助你！

**米妮：**你们？

【音乐响起。】

**小朋友甲、乙、丙、丁：**对！我们一起帮助你！

**小朋友甲：**有垃圾，随手分，废物利用环境好。

**小朋友乙：**不铺张，别浪费，光盘行动不可少。

**小朋友丙：**少开车，多步行，绿色出行身体棒。

**小朋友丁：**多种树，空气好，清新环境人人爱。

**米妮：**这么多的办法，我相信一定能让城市和山里一样美丽！让我们行动起来吧！

【欢快的歌声响起。全体演员快乐舞蹈，憧憬未来的美好家园。】

科普剧

# 小虫子，跟我一起玩吧

请扫码观看哦！

# 服　装

当当：玫红色怪物套装、蓝色打底裤、银色短靴

小怪物甲、乙、丙：大红色分体怪物套装、黑色短靴

其他小怪物：大红色分体怪物套装、黑色短靴

蝴蝶：白色芭蕾舞服、蝴蝶翅膀、有触角的发箍

蚯蚓：红白条纹的连体服

小蜜蜂：黄色芭蕾舞服、蜜蜂翅膀、黑色打底裤

蚂蚁：黑色分体背心、短裤套装、有触角的黑色帽子、有亮片的黑色短款护膝

# 场　景

第一幕　当当的烦恼

第二幕　虫虫村奇遇

第三幕　跟我一起玩

# 人　物

当当：古怪精灵、自信乐观

小怪物们甲、乙、丙：幽默调皮、充满活力

其他小怪物：共五只

蝴蝶：优雅自信、温顺可爱，六只

蚯蚓：顽皮自律、坦率冷静，四条

小蜜蜂：勤劳善良、实干平稳，六只

蚂蚁：尽职尽责、团结协作，八只

## 第一幕　当当的烦恼

森林里雾气笼罩，幽静深远，虫子鸣叫。道具为大石头一块，树两棵，花丛两个，蜂窝一个。

**旁白**：在很远很远的地方，有一片美丽的森林，森林里住着一只调皮的小怪物，她的名字叫作当当。

**当当**（边唱歌边出场）：我是小怪物，模样很神奇，我是最可爱的小精灵。我是歌唱家，我是舞蹈家。哈哈！哈哈！我的本领大！

**小怪物们**（从树丛后探出头来）：小怪物当当！小怪物当当！

**当当**（疑惑地四下看看，然后跑向台下的观众）：大家好，我是当当，长角的当当。我是森林中最可爱的小精灵！

**小怪物甲**（从树后探出头来）：可是你很丑。（说完缩回身子）

**当当**（四处张望）：咦，是谁在说我？小草？小树？你们又不会说话——我是森林中最伟大的歌唱家！

**小怪物乙**（从树后探出头来）：可是你的歌声很难听。（说完缩回身子）

**当当**（四处寻找）：到底是谁在说我呀？哼！我，我，我是森林中最优秀的舞蹈家！

**小怪物丙**（从树后摇晃着探出身体）：可是你走路像只鸭子，哈哈……

**当当**：你们是谁啊？为什么这样说我呀？（说完走到树后寻找，发现了一些和自己长得一样的小怪物）

【歌声响起。小怪物们跳起了爵士舞。】

**小怪物们**：当当，当当，我们一起玩好吗？

**当当**：瞧你们那丑样，我才不和你们一起玩呢！我要去虫虫村找其他小虫子。（退场）

## 第二幕　虫虫村奇遇

音乐响起。当当来到虫虫村。道具为大石头一块，树两棵，花丛两个，蜂窝一个，魔法屋一个，饼干一片、蛋糕一块、糖果两块。

旁白：虫虫村是一片悠然、安静的田园。太阳初升，炊烟冉冉，小虫子们欢快地鸣叫。村头的老树舒展开枝丫，迎接当当。

【蚯蚓在湿地上游走，蝴蝶在花间飞舞，小蜜蜂采着花蜜，蚂蚁不停地奔忙。】

当当：好美丽的村庄啊！我是当当，长角的当当！小虫子，我来找你们玩啦！

【在一片葱绿的草丛里，几条顽皮的蚯蚓钻出泥土，在音乐声中欢快地舞蹈。】

当当（羡慕地）：哇！太可爱啦！要是我也能加入他们，该多好啊！卡布——卡布——拉加蓬，快快请出我的魔法屋！

【魔法音乐声中，魔法屋上场。当当钻进魔法屋，变成蚯蚓的模样，又钻出来。】

当当：朋友，我们一起玩一会儿吧！

蚯蚓（扭动着身体，摇晃着脑袋，十分诧异）：你真的是我们的伙伴吗？天都快亮了，你还敢在外面玩？

**当当**：为什么不敢啊？

**蚯蚓**：我们蚯蚓害怕光线，晚上才敢出来玩，我们得赶紧回家了。（说完扭动着身体往泥土里钻）

**当当**（急忙追上去）：等等，请问一下，蚯蚓小虫子，你没有眼睛，怎么找到家啊？

**蚯蚓**：我虽然没有眼睛，可是我有良好的嗅觉，我能感知到潮湿的土壤，那里就是我的家。

我虽然没有眼睛，可是我有良好的嗅觉，能感知到潮湿的土壤。

**当当**：哼！真没劲，才刚出来就急着回家！

【当当无奈地向前走去。她伸了个懒腰，蜷缩在一棵大树下打盹儿。伴随着音乐，一队蚂蚁驮着一片饼干、一块蛋糕、两块糖果上场。】

**当当**：勤劳的小蚂蚁，你们歇一歇吧！陪我玩会儿行吗？

**蚂蚁**：不行不行，我们得赶在下大雨之前把这些粮食搬回洞穴里，要不我们会挨饿的！

**当当**：哇！太厉害啦！要是我也能加入他们，该多好啊！卡布——卡布——拉加蓬，快快请出我的魔法屋！

【魔法音乐声中，魔法屋上场。当当钻进魔法屋，变成蚂蚁的模样，又钻出来。】

【当当拉住一只蚂蚁，那只蚂蚁立即抬起触须碰碰当当的触须。】

**蚂蚁**（惊讶地）：你不是我们的朋友，还是到别的地方去吧！

**当当**：为什么呀？我和你们一模一样啊！

**蚂蚁**：你没有我们蚂蚁的气味，就算长得一样也不是我们的朋友。再见！

小蚂蚁别看个子小，力气可真大，能搬起比自己的身体重好几倍的粮食呢！

**当当**：这些小蚂蚁别看个子小，力气可真大，能搬起比自己的身体重好几倍的粮食呢！……咦，小蚂蚁怎么都不见了？谁来告诉我，小蚂蚁都去哪儿了？（观众互动）

【当当来到了草地上，花红草绿，美不胜收，蝴蝶在音乐声中翩翩起舞。当当被眼前的美景吸引住。】

当当（满怀期待地走过去）：哇，太美丽啦！要是我也能加入他们，该多好啊！卡布——卡布——拉加蓬，快快请出我的魔法屋！

【魔法音乐声中，魔法屋上场。当当钻进魔法屋，变成蝴蝶的模样，又钻出来。】

当当：朋友，等等……等等我，跟我一起玩吧？

蝴蝶：不要，你才不是我的朋友。

当当（很诧异）：为什么呀？（很不服气，抖动了几下翅膀）大家都来评评理，我的身上也有花香，也有一双大翅膀，你们说我是不是她的朋友？

蝴蝶：你是有一双翅膀，可是上面的花纹和我们的不一样，我们只和相同颜色、相同花纹的蝴蝶做朋友。（蝴蝶飞走了）

当当（伤心地走来走去）：蚯蚓、蚂蚁笑我笨，蝴蝶也不和我做朋友，我的朋友在哪里？在哪里啊？（鼓起勇气继续找朋友）

旁白：在百花园里，所有花儿都竞相开放，小蜜蜂们跳着《采蜜舞》，美丽极了！

当当（看到小蜜蜂，十分羡慕）：哇！太勤劳啦！要是我也能加入他们，该多好啊！卡布——卡布——

拉加蓬，快快请出我的魔法屋！

假如花离我们比较近，就跳
　"圆圈舞"；
假如比较远，就跳"日字舞"。

【魔法音乐声中，魔法屋上场。当当钻进魔法屋，变成蜜蜂的模样，又钻出来。】

**当当**（飞到蜜蜂身边）：朋友，跟我一起玩吧？

**小蜜蜂**（扭头看了一下）：不行，我很忙，我得去通知远方的小伙伴来采蜜呢！

当当：我来帮忙，我来帮忙！

小蜜蜂：好啊！那你会跳"8字舞"吗？

当当："8字舞"？没听说过，我不会。

小蜜蜂：那不行，我们是用舞蹈分享信息的，假如花离我们比较近，就跳"圆圈舞"；假如比较远，就跳"8字舞"。你虽然长得和我们一样，但是你不会用舞蹈分享信息……再见！

【音乐响起，小蜜蜂跳着"圆圈舞"，离开了百花园。】

## 第三幕　跟我一起玩

森林里，天气晴朗。道具为大石头一块，树两棵，花丛两个，蜂窝一个，魔法屋一个。

当当（呜呜地哭）：他们都不和我做朋友，呜呜——我没有朋友！

小怪物们（从四周跑出来）：当当，你在哪里啊？当当，我们一起玩吧！

小怪物们：我们都是长角的小怪物，要跟当当做朋友。你是当当吗？你的角呢？

当当：哦！哦！我还是变回原来的样子吧！卡布——卡布——拉加蓬，快快请出我的魔法屋！

【魔法音乐声中，魔法屋上场。当当钻进魔法屋，变回小怪物的模样，又钻出来，她激动得手舞足蹈。】

当当：哇，我也有朋友啦！我也有朋友啦！

所有小动物（一起围上去）：当当，当当，祝贺你！祝贺你！

当当：我好开心啊！小朋友，你们愿意跟我一起玩吗？（与观众互动）

当当：来，跟我一起玩吧！

【歌声响起。所有演员一起欢快地舞蹈。】

科普剧

# 蘑菇山谷漫游记

请扫码观看哦！

# 服　装

大青：白色裙子、青色薄纱、黑皮鞋、白连裤袜、带褐色鳞片的蘑菇头饰

大白：白色裙子、白色薄纱、黑皮鞋、白连裤袜、白色蘑菇头饰

大红：玫红色裙子、玫红色薄纱、黑皮鞋、白连裤袜、玫红色蘑菇头饰

大壮：酱红色黑边服、黑皮鞋、白连裤袜、大蘑菇帽

大斑：白底金色斑点裙、白色薄纱、黑皮鞋、白连裤袜、蘑菇头饰

蘑菇妈妈：深绿色裙子、黑皮鞋、白连裤袜、深绿色蘑菇头饰

小灰：灰褐色黑边服、黑皮鞋、白连裤袜、灰褐色蘑菇帽

蝴蝶：带翅膀的蝴蝶裙、蝴蝶头饰

果果：红底蓝白花纹裙、白连裤袜、黑皮鞋

其他蘑菇精灵：服装同小灰

# 场　景

第一幕　蘑菇山谷

第二幕　不起眼的小灰

第三幕　闯入者

第四幕　大救援

第五幕　一起跳舞吧

# 人　物

大青：机灵、灵敏

大白：机智、能干

大红：可爱、迷人

大壮：高贵、身壮

大斑：美丽、热情

蘑菇妈妈：和蔼、亲切

小灰：善良、友好

蝴蝶：漂亮、体贴

果果：好奇、伶俐

其他蘑菇精灵：乖巧、活泼，共 14 个

## 第一幕　蘑菇山谷

音乐响起。绿色的山谷中，小溪流淌。

**旁白：** 太阳慢慢地升起，美丽的山谷逐渐苏醒。山谷是蘑菇精灵的家，此刻，那帮小家伙还在睡着。有一点儿风，守护山谷的风铃"叮当""叮当"响了起来。

**蘑菇妈妈**（跑到舞台中央）：太阳出来啦！（舞蹈动作）

【天一下子就亮了，蘑菇精灵们迫不及待地睁开眼睛。】

**蘑菇精灵们**（各种苏醒动作）：快点儿，快点儿，太阳出来啦！

**旁白：** 有些蘑菇精灵不喜欢太阳，就用薄纱轻轻遮住了脸。

**大青**（向前一步）：我是蘑菇大青，学名——大青褶伞。我可不是白蘑菇，看，我的伞盖上有褐色鳞片，菌褶是淡青色的。（回到原位）

**大白**（向前一步）：我是蘑菇大白，学名——致命

白毒伞。我有菌盖、菌环和菌托。（展示菌盖、菌环和菌托）"头上戴帽子，腰上系裙子，脚上穿靴子"说的就是我。（回到原位）

**大红**（向前一步）：我是蘑菇大红，学名——毒蝇伞。我不仅长得迷人，吃掉我，会令你产生幻觉。（回到原位）

**大壮**（向前一步）：我是蘑菇大壮，学名——赭红拟口蘑。我是高贵的蘑菇，生长在腐烂的木头上。（回到原位）

**大斑**（向前一步）：我是蘑菇大斑，学名——豹斑毒伞。我有美丽的长袍，还是豹纹的呢！（回到原位）

**蘑菇精灵们：**还有我们（挥挥手），我们都不是好欺负的！

**旁白：**这些蘑菇精灵五颜六色，都很漂亮，但基本都是有毒的。不过，他们都是蘑菇妈妈的孩子。

## 第二幕  不起眼的小灰

绿色的山谷中，一棵大树下。

**旁白：**山谷中一个不起眼的角落里，还有一朵灰色的小蘑菇精灵。

【轻松欢快的音乐响起。小灰出场。】

小灰（歌唱）：我是一株小蘑菇，小呀小蘑菇。长在无人角落里，风吹雨打都不怕！都不怕！风儿吹呀，沙沙沙！雨儿打呀，哗啦啦！不怕，不怕！（舞蹈）

小灰（双手摊开，无奈又沮丧）：大家好，我是蘑菇精灵小灰——学名香菇。大家都不喜欢我。

我是蘑菇精灵小灰，
大家都不喜欢我。
蝴蝶（安慰）：我喜欢你！
虽然你没有美丽的衣裳，
也不会跳好看的舞蹈，
可是你有其他蘑菇没有的本领。

【远处飞来一只蝴蝶，围着小灰转圈。】

**蝴蝶**（安慰）：我喜欢你！虽然你没有美丽的衣裳，也不会跳好看的舞蹈，可是你有其他蘑菇没有的本领。

**小灰**：谢谢小蝴蝶，可是，我到底有什么本领啊？

**蝴蝶**：以后你就知道了！

【蘑菇妈妈回到舞台中央。】

**蘑菇妈妈**：以前，整个山林都是我们的家，可是现在，我们只能生活在这个小山谷里。我们的家被人类破坏了！孩子们，妈妈还会像以前那样爱你们、保护你们，一个都不能少！（简单舞蹈动作）

**蘑菇妈妈**（清点孩子个数）：咦，小灰呢？ 小灰，小灰！

**蘑菇精灵们**：我们要保卫家园，不能再让人类进入蘑菇山谷来捣乱了。

【愉快的音乐响起。蘑菇精灵们转着圈跳舞，唱歌。】

**蘑菇精灵们**（欢快地）：你是我的小呀小蘑菇，怎么爱你都不嫌多，红红的小脸儿温暖我的心窝，点亮我生命的火、火、火、火、火……

## 第三幕　闯入者

绿色的山谷中，溪水流淌。轻柔的音乐响起。小姑娘果果出场。

**旁白：** 有个小姑娘冒冒失失地闯进了蘑菇山谷，她被蘑菇精灵吸引，开心地从一朵蘑菇跑向另一朵蘑菇。

**果果：** 哇，好可爱、好漂亮的蘑菇啊！好想摘一朵！我是果果，让我陪你们一起跳舞好吗？

**小灰**（欣喜）：哇，果果，你的舞蹈太优美了，我超超超喜欢你！

**蘑菇精灵们**（很生气）：好大的胆子，竟敢闯入蘑菇山谷！我们一起对付那个叫果果的闯入者吧。

**小灰**（着急）：哥哥，不要伤害果果！姐姐，不要伤害果果好吗？

**蘑菇精灵们**（手指向小女孩）：是她想要伤害我们，她就是那个采蘑菇的小姑娘。

**果果：** 你们不要跑啊！我不会伤害你们的。（做追赶的动作）我喜欢你们美丽的衣服，我喜欢你们可爱的舞蹈，我们一起玩吧！

　　小灰（急得直跺脚）：不许伤害果果！不许伤害
果果！

　　蘑菇精灵们（埋怨）：你还是不是蘑菇精灵啊，你
忘记妈妈说的话了吗?

果果冒冒失失地闯进了蘑菇山谷，
蘑菇精灵们：我们一起对付那个叫果
果的闯入者吧。
善良的小灰：哥哥姐姐，不要伤害果果，
好吗?

　　小灰（理直气壮）：妈妈也没有叫你们伤害别
人啊！

**果果**（小手一挥）：哼，不理你！你个丑陋的小蘑菇，你跳起舞来像鸭子。

**小灰**（委屈得要哭了）：果果，你快走吧，他们会伤害你的！

**果果**（双手叉腰）：不要你管，我愿意！哼！

**小灰**（双手打开表示疑惑）：为什么大家都不喜欢我？

**蝴蝶**：小灰，我喜欢你——因为你是这个山谷中最善良、最包容的蘑菇精灵！

**小灰**：谢谢小蝴蝶！可是我好怕哥哥姐姐们伤害果果。

**蝴蝶**（边说边退场）：不要担心，我会帮助你的！

【激烈的音乐响起。】

**旁白**：蘑菇精灵们决定攻击果果了，他们手拉手，把果果围了起来，形成美丽的蘑菇圈。果果忍不住亲了一下，又咬了一小口。

**果果**：哇，好美的蘑菇圈——哎呀，我头晕！恶心！肚子疼！（跌倒在地上）

果果跌倒在地上，
小灰：果果，果果，你这是怎么了？

## 第四幕　大救援

云朵飘过，天一下子暗淡了不少。绿色的山谷中，一棵大树下。

**小灰**（蹲下身扶仁果果的身体）：果果，果果，你这是怎么了？

小灰（挥手呼喊）：小蝴蝶，小蝴蝶，你看，果果这是怎么了？

蝴蝶：她这是中毒了！不要慌，赶紧刺激她的咽喉，让她吐出来！

【小灰折了一株毛毛草，用它刺激果果的咽喉。不一会儿果果就呕吐起来。】

蝴蝶：我去找水——

【蝴蝶用翅膀蘸了些山泉水，滴进果果的嘴里。】

小灰（难过得要哭）：果果，是我们蘑菇精灵不好，伤害了你……等妈妈回来，我一定告诉妈妈……（蘑菇精灵们躲到四周）

小灰：妈妈！妈妈！你在哪儿啊？（蘑菇妈妈赶来）

蘑菇妈妈（看着中毒的果果和躲在不远处的蘑菇精灵们）（生气地）：一群惹事包！你们都给我出来！

蘑菇精灵们（边说边默默低下头）：妈妈，我们错了……我们以后不敢了……

蘑菇妈妈：哎呀，小姑娘昏过去啦——没有心跳啦！快给她做心肺复苏！快打120叫救护车！不然她会没命的！（蘑菇精灵们围住果果，给她做心肺复苏。蘑菇妈妈拨打120）

## 第五幕　一起跳舞吧

绿色的山谷中，一棵大树下。音乐响起。

**旁白：**不一会儿，果果动了动身体，睁开了眼睛。

**果果**（做醒来的动作）：刚才我昏迷了？是你救了我？（露出疑惑的表情）

**小灰：**我，小蝴蝶，其他蘑菇，大家一起救了你！

**果果：**你是一个善良的蘑菇精灵！之前我忽视了你，对不起！

**果果：**我怎么会昏迷呢？

**小灰**（用手指向其他蘑菇精灵）：你问他们！

**蘑菇妈妈**（拉起果果的手）：小姑娘，让我来告诉你吧——"红伞伞，白杆杆，吃完一起躺板板。"五颜六色的蘑菇，有毒！有菌盖、菌环、菌托的蘑菇，有毒！菌盖有肉瘤的蘑菇，有毒！有刺鼻气味的蘑菇，有毒！请你一定不要碰！（面向大家讲解）

**蘑菇妈妈**（面带笑容）：孩子们，我们蘑菇虽然害怕阳光，可是心中不能没有阳光！我们不想被别人侵

犯，也不能去侵犯别人啊！我们一起向那个小女孩道歉，好吗？（指向女孩）

**蘑菇精灵们：**好！对不起，是我们伤害了你，请你原谅！（一起面向女孩弯腰道歉）

**果果**（双手在胸前挥动）：不，不，是我不好，是我没有礼貌，闯入了你们的蘑菇山谷。我再喜欢，也不会采摘你们了。（蘑菇精灵们围着果果）

**蝴蝶：**不，你可以采摘，你可以采摘小灰啊！

**蝴蝶**（拉着小灰的手）：香菇小灰是食用菌，营养丰富，可以增强免疫力，还有药用价值呢！小朋友要长高，就要多吃香菇。——小灰，这也是你的本领哟！

【欢快的歌曲奏响。所有演员手拉手舞蹈。】

科普剧

昆虫的微电影

——我的家

请扫码观看哦！

# 服　装

光头强：黄色帽子、蓝色上衣、黄色背心、紫色裤子、黑色鞋子，摄像机

天牛：黑色连体裤、橙色披风、黑色靴子、牛角发箍

蝴蝶甲、乙：粉红色裙子、白色连裤袜、发夹、蝴蝶翅膀、白色舞蹈鞋，甲、乙均为女孩

蝗虫：绿色上衣、绿色裤子、黑色鞋子

螳螂：绿色连衣裙、黑色鞋子

屎壳郎甲、乙：咖啡色连体服、咖啡色鞋子、咖啡色头套、甲壳造型黑色短披风，甲为男孩，乙为女孩

蚂蚁甲、乙：黑色亮片无袖衣服、黑色短裤、膝盖套、头套、黑色靴子，甲、乙均为男孩

蜜蜂甲、乙：黄色发箍、黄色连体裤、黄色翅膀、黄色鞋子，甲、乙均为女孩

蜘蛛甲、乙：灰色上衣、灰色裤子、黑色靴子、蜘蛛网发箍，甲为男孩，乙为女孩

# 场 景

# 人 物

光头强：智慧、友善

天牛：威武、正义、公正

蝴蝶甲、乙：热情、积极

蝗虫：友好、积极

螳螂：友好、积极

屎壳郎甲、乙：灵巧、滑稽

蚂蚁甲、乙：团结、坚持

蜜蜂甲、乙：勤劳、能干

蜘蛛甲、乙：骄傲、自信

# 第一幕　人类的民居

音乐响起。森林中的小木屋前，光头强手持摄像机出场。道具有假山两座，花草两丛，大树一棵，房子一个。天牛、蝴蝶、蝗虫、螳螂、屎壳郎、蚂蚁、蜜蜂、蜘蛛等小动物躲在各自的角落。

**光头强**（自豪地）：我是光头强，我喜欢房子。瞧，这是我拍的房子。

【背景为北京四合院。】

**光头强**（手指身后的建筑）：这是北京四合院！

【昆虫们好奇地张望。背景为山西窑洞。】

**光头强**：这是山西窑洞！

**蜘蛛**（忍不住爬来爬去，跳起了房子舞）：这些房子真是太美了！

【背景为福建客家土楼。】

**光头强**：这是福建客家土楼！

**屎壳郎**（舔了舔嘴唇）：哇，简直太美了！

【背景为安徽古村落。】

**光头强**：这是安徽古村落！

**蚂蚁**：真是羡慕又嫉妒呀！

【背景为草原蒙古包。】

**光头强**：这是草原蒙古包……

**蜜蜂**：有房子的感觉真好……

## 第二幕　昆虫的小心思

音乐响起。森林中的草地上，昆虫们准备举行盖房子比赛。道具有假山两座，花草两丛，大树一棵，房子一个。

**天牛**（威武地挥动触角）：人类的房子再好，也是人类的，我们应该拥有自己的房子。

**天牛**：今天，我们昆虫家族就来举行一次盖房子比赛，你们说，好吗？

**昆虫们**（握拳做出奋斗的姿势）：太好了！给力！

**天牛**：我建议把这个盛大的过程拍成时髦的微电影，记录下来。

**昆虫们**（做出胜利的手势）：微电影万岁！房子万岁！

【昆虫们四下散开，分工布置大赛会场。敲键盘的

声音。】

蝴蝶（着急地飞来飞去）：好可惜，我们蝴蝶不用盖房子——树枝树叶就是我们的家。

蝗虫和螳螂：但是我们可以组成啦啦队，给小伙伴们加油！

蝴蝶（唱）：蝴蝶飞呀飞向未来的房子。（说）大家快来报名啊！

屎壳郎（前滚翻出场）：我要报名！

蚂蚁（爬上前）：我要报名！

蜜蜂（飞过来）：我要报名！

蜘蛛（张开胳膊）：我也要报名！

【昆虫们纷纷报名参加比赛。】

## 第三幕　昆虫小屋制作大赛

音乐响起。大赛现场。道具有假山两座，花草两丛，大树一棵，房子一个，屎壳郎粪球一个，蚂蚁窝一个，蜜蜂蜂巢一个，蜘蛛网一个。

天牛：我宣布，"昆虫小屋制作大赛"正式开始！

【音乐响起。昆虫们认认真真忙着盖房子。数字倒

计时的背景音乐响起。】

天牛：好了，时间到！请大家介绍一下自己的房子。

屎壳郎甲（前滚翻出场）：我先来，我先来！

屎壳郎甲、乙（音乐响起，一起歌唱）：这是我的粪球，我的家，我的宝贝出生在这里呀。这是我的房子，我的爱，是我的宝贝吃饭睡觉的地方。

屎壳郎的房子最特别了，是用动物的便便做的。它不仅能住，还能吃呢！

屎壳郎乙（推着粪球）：我的房子最特别了，是用动物的便便做的。它不仅能住，还能吃呢！

其他昆虫（用手夸张地在鼻子前扇着，退后几步）：臭死了，臭死了！

屎壳郎甲：主要看气质，不是气味。气味只是便便的味道。

蝴蝶：哇，屎壳郎太伟大了！他们的房子太有气味了，哦不，是太有气质了！

天牛：这里可以有掌声。

【屎壳郎夫妇鞠躬，一只在前头拉、一只在后面推着粪球退下。两只蚂蚁搬着他们的蚂蚁窝上场。】

昆虫们：咦，这是什么东西啊？

蚂蚁甲、乙（音乐响起，说唱）：这是我们的房子——蚂蚁窝！蚂蚁窝像迷宫，四通八达真复杂。各种食物储存好，冬夏都没有烦恼。大雨来了怎么办？提前筑好防洪坝。要是谁敢来捣乱，蚂蚁部队打败他！打败他！

蝴蝶：哇，蚂蚁真是了不起的建筑师！

【两只蚂蚁搬着蚂蚁窝退场。】

天牛：掌声有请下一位选手。

【两只小蜜蜂搬着蜂巢，"嗡嗡嗡"地款款飞来。】

**昆虫们**（兴奋地鼓掌）：勤劳的小蜜蜂！勤劳的小蜜蜂！

蚂蚁窝像迷宫，四通八达真复杂。各种食物储存好，冬夏都没有烦恼。

**蜜蜂甲**（音乐响起）：大家好！我们蜜蜂的房子构造精巧，结实耐用。它由无数个正六角形房孔组成，住在里面既没有多余的空间也不会觉得拥挤。

**蜜蜂乙**：全世界所有的蜂窝都是按统一的模式建

造的。告诉你们一个秘密，我们的蜂窝构造给航天器设计师无穷的启示呢！

**天牛：**哇，你们真是天生的数学家和设计师！

【蜘蛛嘟嘟囔囔地走到舞台中央。】

**蜘蛛甲**（音乐响起）：哼，小蜜蜂，我们蜘蛛分分钟超越你！大家请看，蜘蛛网就是我们特别的房子。别小看这细细的蛛丝，它可比同等重量的钢丝更牢固、更有弹性！

蜘蛛网就是我们特别的房子。别小看这细细的蛛丝，它可比同等重量的钢丝更牢固、更有弹性！

蜘蛛乙：同时，它也是我们捕食猎物的武器！

蝴蝶：哇，小蜘蛛们真了不起！

【昆虫们禁不住都鼓起掌来！蜘蛛高高举起一条足，满意地做出胜利的动作。】

天牛：请安静！你们都是最棒的，我为你们骄傲！大家说，本次比赛，谁是第一名？

昆虫们（一齐喊）：蜘蛛！蜘蛛！蜘蛛！

【小蜜蜂很失落，他们抱在一起难过地哭泣。天牛做手势让大家安静。】

天牛：亲爱的，你们怎么了？

蜜蜂（沉浸在悲伤中歌唱）：为什么受伤的总是我，如何才能找到我的梦……

【小蜜蜂想要离开，天牛把小蜜蜂拉到舞台中央。】

天牛：我也是醉了，你们怎么一点儿都不自信呢，我还没有宣布比赛成绩呢！

蜜蜂：好吧。

## 第四幕　谁是第一名

大赛现场。道具有假山两座，花草两丛，大树一棵，房子一个。

天牛（问台下的观众）：小朋友们，你们觉得本次"昆虫小屋制作大赛"的第一名，应该是……（昆虫们期待着，七嘴八舌地议论）

【突然，光头强从小木屋里悄悄走出来，看谁也没有注意到他，就轻轻咳嗽了一下。】

昆虫们（转头看到了光头强，吓得到处躲藏）：光头强！

光头强：不要怕！大家不要怕！我已经改邪归正，不会伤害你们的。其实，我一直在看大家比赛，你们这么聪明，还会拍摄微电影呢！

天牛：光头强，发表一下你的意见？

光头强：好。首先，本次"昆虫小屋制作大赛"，蜘蛛肯定不是第一名。

昆虫们：咦，为什么呀？这是为什么呢？

光头强：哈哈，因为蜘蛛不——是——昆——虫。

昆虫们（议论纷纷）：蜘蛛怎么不是昆虫呢？

蜘蛛：我们蜘蛛居然不是昆虫？呵呵，我想，我想，我还是洗洗睡吧！

光头强（对着摄像头，音乐响起）：昆虫都有三对足，两对翅膀，分头部、胸部、腹部三部分。而蜘蛛有八只足，没有翅膀，所以蜘蛛不是昆虫。

**昆虫们**（点头）：哦！哦！

**光头强**（稍做停顿）：本次大赛中，大家都呈现了最好的作品！更棒的是还拍成了微电影。大家一定要播放给人类看，让更多的人了解你们。

**天牛**：我宣布，所有小伙伴都是第一名，因为适合自己的就是最好的！

**昆虫们**：适合自己的就是最好的！

【歌声响起。所有小演员集体舞蹈。】

科普剧

沙漠新城

请扫码观看哦！

# 服　装

蜥蜴先生：绿色亮片上衣、黑色亮片短裤、黑皮鞋、绿尾巴，笔记本电脑道具一个

灰兔小姐：灰色兔耳朵发箍、白底灰花裙子、灰皮鞋，手机道具一个

骆驼大婶：咖色套装、咖色护膝、咖色头饰

仙人掌：绿色带刺连帽套装、绿舞蹈鞋

芦荟：芦荟连帽套装、绿舞蹈鞋、一根芦荟

红柳：绿色芭蕾舞裙、绿舞蹈鞋、紫红色毛毛头饰、手腕彩色飘带

胡杨：胡杨连帽套装、黄舞蹈鞋

苍耳：绿色套装、银皮鞋

松果：咖色西部牛仔套装、咖色帽子、咖色牛皮鞋

蒲公英：白色连衣裙、白色舞蹈鞋、白色头饰

枣：暗红色连衣裙、暗红色舞蹈鞋

西瓜：西瓜连帽套装、黑舞蹈鞋

刺猬：刺猬连帽套装、灰舞蹈鞋

沙漠新城

# 场　景

第一幕　灰兔小姐
第二幕　沙漠新城
第三幕　有朋自远方来
第四幕　沙漠奇迹

# 人　物

灰兔小姐：敏感、好奇
蜥蜴先生：热情、好客
骆驼大婶：善良、忠厚
仙人掌：善良、友好
芦荟：优雅、美丽
红柳：可爱、迷人
胡杨：坚韧、生命力强
苍耳：美丽、热情
松果：机智、冷俐
蒲公英：轻盈、柔美
枣：坚韧
西瓜：圆滑、适应环境

刺猬：不起眼、有个性

## 第一幕　灰兔小姐

音乐响起。背景为山谷小屋。

旁白：遥远的绿野山谷里，坐落着美丽的森林村，村里住着一位可爱的灰兔小姐。今天，灰兔小姐起得特别早，她特别开心。

灰兔小姐（灰兔小姐边打扫边上场）：有朋自远方来，不亦乐乎？啦啦啦……

【音乐渐强。蜥蜴先生出场。】

蜥蜴先生：老朋友，终于见面啦。

灰兔小姐：蜥蜴先生，你还住在那一片荒芜的沙漠里吗？我这里有山有水，你留下来别回去了。

蜥蜴先生：噢，灰兔小姐，现在我们的沙漠新城可不比你这儿差，那里相当好，相当壮观……

灰兔小姐：到底是什么样子的呢？

蜥蜴先生（耸耸肩）：走，带你去看看。生活不止眼前的苟且，还有诗和远方的沙漠……

遥远的绿野山谷里，
坐落着美丽的森林村，
村里住着一位可爱的灰兔小姐。
今天，蜥蜴先生来做客。

**灰兔小姐**：噢，不行吧！不行吧！我是生活在洞穴里的，沙漠里有没有洞穴啊……要不，去看一看？

【灯光渐暗，蜥蜴先生和灰兔小姐边说边走……】

## 第二幕　沙漠新城

播放忐忑的音乐。背景为沙漠。道具有沙丘两个，仙人掌三个，凳子一个。

**旁白：**灰兔小姐一路上心情忐忑，跟着蜥蜴先生来到了沙漠新城。

【灯光渐亮，音乐《楼兰》响起。沙漠居民跳起了《欢迎舞》，蜥蜴先生拉着灰兔小姐来到舞台中央。】

**灰兔小姐**（背靠一株植物休息）：哎呀，是什么在扎我的屁屁？好疼啊！（摸着屁股跳起来）

【背景为仙人掌。】

**仙人掌：**哈哈，远方来的朋友，欢迎你！居然不知道我大名鼎鼎的仙人掌！

**灰兔小姐：**什么？沙漠里居然有长满刺的庞大家伙！以前真没听说过！

**仙人掌：**我是巨型仙人掌。沙漠中气候恶劣，我们经常处于休眠状态，生长特别缓慢。

【背景为芦荟。】

**芦荟：**灰兔小姐，不要慌，给伤口擦点儿芦荟吧。

**灰兔小姐：**谢谢芦荟！原来你也在这里。

**蜥蜴先生：**灰兔小姐，让沙漠里的朋友一一做个自我介绍吧。

【背景为骆驼。】

**骆驼大婶：**嗨，你好，我是骆驼大婶。

**骆驼大婶**：我们是沙漠里的交通工具，"沙漠之舟"就是我。

灰兔小姐一路上心情忐忑，跟着蜥蜴先生来到沙漠新城。
骆驼大婶：我们是沙漠里的交通工具，"沙漠之舟"就是我。

**灰兔小姐**（指着红柳）：咦，那你们是谁啊？

【背景为红柳。】

**红柳**：你好，我是沙漠植物红柳，喜欢生长在沙丘下。我的根能伸得很长很深，从地下吸取水分。请叫我固沙小能手！

【背景为胡杨。】

**胡杨：**你好，我是胡杨，千年不倒的胡杨。

**灰兔小姐**（仰慕）：哇——

**灰兔小姐**（吸吸鼻子）：嗯……这里的空气也没有传说中的那么干燥啊！

**仙人掌：**灰兔小姐，以前的沙漠被称为"死亡之海"，在这里生活可艰难啦。

**蜥蜴先生：**如今，沙漠居民努力建设沙漠新城，一部分沙漠渐渐披上了绿装！

**骆驼大婶：**嗯嗯，雄奇壮美的沙漠绿洲风光，已经成为旅游、越野、体育赛事的新选择啦！

**灰兔小姐：**原来是这样啊，怪不得大家这么热情——没有"沙漠综合征"。

【所有沙漠居民退场。】

**灰兔小姐：**沙漠新城这么好，我来发个朋友圈，号召四海八荒的朋友们来做志愿者，为建设沙漠新城出力。

【屏幕上出现各种微信消息回复。】

**灰兔小姐：**哇，这么多回复啊，看来朋友们都很感兴趣啊！

**旁白**（夜幕降临，催眠曲响起）：月亮在白莲花般的云朵里穿行。晚风吹来一阵阵欢乐的歌声……灰兔小姐坐在高高的沙丘上，凝望沙漠的夜空，感受吹拂而来的轻风，期待朋友们的来临。她满怀美好的心愿慢慢进入了梦乡……

【幕落。】

## 第三幕　有朋自远方来

音乐响起。一群植物种子上场，热情地围住灰兔小姐。

**骆驼大婶、蜥蜴先生：**远方来的朋友，你们是谁啊？

【背景为苍耳和松树。】

**苍耳**（上前一步）：你好，我是苍耳！

**松果**（上前一步）：你好，我是松果！

**蜥蜴先生：**先来个爱的抱抱吧……哎哟哟，你扎我干吗呀？

**苍耳：**不好意思，我的种子有钩状的刺，无意冒犯。来沙漠，我们可是认真的。

**仙人掌：**哦。和我一样有刺的朋友，你们是怎么来的呢？

苍耳：一只小兔子经过我的身边，我的种子挂在了她的绒毛上，就被带到了沙漠。

松果：松鼠是我的搬运工，我是被松鼠带到沙漠来的。

【背景为枣树、西瓜地、刺猬。】

枣（上前）：大家好，我是枣！

西瓜（上前）：大家好，我是西瓜！

红柳（往后退）：嗯，什么味道？臭臭的。

枣、西瓜：不好意思，我们的果实被小鸟吃进肚子，果核消化不掉，随粪便排到了这里。

红柳：噢，原来是这样，辛苦啦！

刺猬（滚过来）：大家好，我是刺猬。我是追着枣和西瓜来的。

【背景为蒲公英。】

蒲公英（飘过来）：大家好，我是蒲公英。我的种子头部有绒毛，风一吹，我就随风飘到了这里。

骆驼大婶：亲爱的朋友，欢迎来沙漠安家。这里环境特殊，需要具备抵抗寒冷、高温、干旱的本领呢。

西瓜：哎呀，寒冷？高温？干旱？这可怎么办？我喜欢在优越的环境里生长。

松果：蓝瘦香菇（网络用语，意为"难受想哭"）！这种生存环境适合我吗?

苍耳：唉，梦想的小船怎么说翻就翻了！

蒲公英：沙漠套路深，我要回森林，呜呜呜……

种子们（七嘴八舌）：我们白来了？沙漠建设志愿者不好干啊！算了算了，我们还是回去吧……

【大家都垂头丧气……】

## 第四幕  沙漠奇迹

蜥蜴先生手拿笔记本电脑，小跑着上场。

蜥蜴先生：热搜新闻！最新报道！厉害了我的哥，请看大屏幕。

【背景为沙漠公路。】

旁白：穿越流动沙漠，征服"死亡之海"，新疆塔克拉玛干沙漠公路开通！人们采用"芦苇栅栏"加"芦苇方格"等固沙技术，在公路两侧种植灌木，是世界上第一条"沙漠绿色走廊"，创吉尼斯世界纪录。

【所有演员上前。】

种子们（松了一口气）：哈哈，这下宝宝们放心啦！

**所有演员**（快板说唱）：沙漠终会变绿洲，科学治理方法多。草方格、石方格，消减风速固沙丘。人工造林效果好，改良土壤是根本。动物植物齐出力，绿洲处处显生机！

沙漠终会变绿洲，科学治理方法多。草方格、石方格，消减风速固沙丘。人工造林效果好，改良土壤是根本。动物植物齐出力，绿洲处处显生机！

**种子们**（欢呼起来）：太好啦，太好啦！我们可以放心地在这里安家啦！

【伴随歌曲《热情的沙漠》，小演员集体跳舞。幕落。】

科普剧

# 给大象医生献宝

请扫码观看哦！

# 服　装

凶凶虎：蓝绿色亮片上衣、黑色亮片短裤、黄色披风、虎耳朵头饰、虎皮纹手套、黑短靴

灰灰狼：蓝白色亮片上衣、灰白色亮片短裤、狼尾巴、狼耳朵头饰、黑短靴

俏狐狸：红色亮片拉丁舞裙、狐狸尾巴、狐狸耳朵头饰、红袖套、银色拉丁舞鞋

孔雀：亮片蓝白色孔雀裙、蓝色孔雀头饰、银色亮片皮鞋

野兔：灰色蓬蓬纱裙、白色连裤袜、银色亮片皮鞋、灰色兔子头饰，野兔粪一盘

麻雀：黄底碎花蓬蓬裙、白色连裤袜、银色亮片皮鞋、麻雀头饰，麻雀粪一盘

喜鹊：黑色蓬蓬裙、黑色亮片披风、白色连裤袜、黑皮鞋，蝙蝠粪一盘

鼯（wú）鼠：黑银亮片背心、短裤、黑色袜子、皮鞋、鼯鼠头饰，鼯鼠粪一盘

大象医生：汉服一套、大象耳朵发箍、放大镜一

个、扇子一把

## 场　景

第一幕　凶凶虎的烦恼

第二幕　小动物献宝

第三幕　神奇的中医药

第四幕　大象医生的回礼

## 人　物

凶凶虎：威猛、淘气、有判断力，男孩

灰灰狼：理智、现实，男孩

俏狐狸：文艺、浪漫，女孩

孔雀：口才好、外向、美丽，女孩

野兔：机灵、温顺

麻雀：纯朴、活泼

喜鹊：代表吉祥、智慧

鼯鼠：可爱、温柔

大象医生：博学、高贵

## 第一幕 凶凶虎的烦恼

背景为森林中。道具有可移动大草丛三个。

**旁白：** 阳光穿过树叶间的空隙，透过晨雾，一缕缕地洒向地面，空气里弥漫着欢快的味道。一只凶凶虎带着灰灰狼四处转悠，原本热闹非凡的森林突然变得悄无声息。

**凶凶虎：** 今天是怎么了？一只动物也看不见！

**灰灰狼：** 是啊，真奇怪！到底是怎么回事呢？

**俏狐狸：** 大王，大王，您还不知道吧？今天小动物们都去大象家献宝了。听说有很多奇珍异宝呢！

**凶凶虎：** 什么？我是森林之王，凭什么给大象献宝啊？要献也是献给虎大王我呀！……哼！不行，我得去瞧瞧！

**灰灰狼：** 是呀，怎么能不献给凶凶虎大哥您呢？太不应该了！走，我们去给他们点儿颜色瞧瞧！

**俏狐狸：** 我也去，我也去！我可以给你们出主意。

## 第二幕 小动物献宝

背景为大象医生家里，中药店。道具有可移动窗户一个，门一扇，中式长桌一个，中式靠背椅一把，圆桌一个，圆凳四个。咖啡壶和几个杯子，左右共三个大草丛。圆桌旁，大象医生、野兔、麻雀、喜鹊、鼯鼠在喝咖啡。

**旁白：** 大象医生家里，小动物们一边喝咖啡，一边欢快地舞蹈。圆桌上咖啡壶里的咖啡咕噜咕噜沸腾着，香气弥漫。

**灰灰狼**（在窗外）：他们在喝什么？

**俏狐狸**（舔了舔嘴唇）：应该是咖啡……看起来很好喝，我也想喝一杯。

**凶凶虎：** 啧啧，咖啡有啥了不起的？没出息！不就是咖啡嘛，我也喝过！

【音乐响起。其他小演员一起舞蹈。】

**孔雀：** 啊啊！尊敬的大象医生，大家精心为您准备了神奇的宝物。首先有请机灵、温顺的野兔小姐献宝。

【音乐响起。四只野兔上场。其中一只手里端着宝物，献给大象医生。】

**野兔：**呜呜！我们献上的宝物是——望月砂。

【背景为夜空中挂着一轮圆月。一只兔子在拉屎。】

**俏狐狸**（伸着脖子张望）：这名字一听就饱含诗情画意，让人想起"举头望明月，低头思故乡"——云很淡，风很轻，月亮很美。

野兔：我们献上的宝物是——望月砂，它能解毒杀虫。

灰灰狼（伸着脖子张望）：想必望月砂像天空中的月亮一般洁白无瑕。

凶凶虎（伸着脖子张望）：咦？是什么稀罕宝物啊？

麻雀：我们献上的宝物是——白丁香，它能消积明目。

孔雀：啊啊！下面献礼的是纯朴、活泼的麻雀，大家欢迎！

【音乐响起。五只麻雀上场。】

**麻雀**：叽叽！大象医生，我们献上的宝物是——白丁香。

**俏狐狸**（唱歌）："你说你最爱丁香花，因为你的名字就是她……"

**灰灰狼**（闻了闻）：白丁香一定香气扑鼻、难得一见……

【背景为一棵丁香树，开满白色的丁香花，随风摇曳。麻雀在丁香树上拉屎。】

**孔雀**：啊啊！接下来有请帅气的夜行侠蝙蝠先生。

【音乐响起。两只喜鹊上场。】

**孔雀**：咦？蝙蝠先生怎么穿上裙子了？

**喜鹊**：喳喳！我们是喜鹊小姐，不是蝙蝠先生，他在家睡觉呢！我们代蝙蝠先生献上的宝物是——夜明砂。

**俏狐狸**：夜明砂，乍一听，仿佛与夜明珠有关。"沧海月明珠有泪，蓝田日暖玉生烟……"（沉醉）

【黑暗的洞中，一些蝙蝠倒悬着。其中一只正悬着，在拉屎。】

**灰灰狼**：嗯嗯，想必是闪闪发光的夜明珠吧！

【音乐响起。三只鼯鼠上场。】

**鼯鼠**：该我们啦，该我们啦！我们献上的宝物是——五灵脂。

【背景烟雾缥缈，小仙女灵动地舞蹈。一只鼯鼠一边飞，一边拉屎。】

**俏狐狸：**五灵脂，名字充满了仙气，吃了准能变成小仙女！我想要！我想要！

**灰灰狼：**你吃了也变不成小仙女……

鼯鼠：我们献上的宝物是——五灵脂，它能活血解毒。

**大象医生：**感谢大家带来这么珍贵的礼物！我也

为你们准备了特别的回礼，现在就去拿。

【大象医生离开客厅。小动物们跟随离开。】

凶凶虎：有这么多珍贵的宝物，居然不给我们，那我们就去抢！

灰灰狼、俏狐狸：好，正好大象不在客厅，我们现在就进去！

【音乐响起。】

灰灰狼：咦？怎么都臭烘烘的？

俏狐狸：这不是他们的大便吗？脏死啦！脏死啦！

凶凶虎：我们上当啦！我要收拾这帮小东西！

【凶凶虎、灰灰狼、俏狐狸把大象的礼物推到地上。】

## 第三幕　神奇的中医药

孔雀推着香水图片回到客厅。大象医生上场，身后跟着野兔、麻雀、喜鹊、鼯鼠各一只。

大象医生：礼物来啦！咦，怎么你们在这里？这些珍贵的药材怎么都撒了？

【兔子、麻雀、喜鹊、鼯鼠捡起地上的宝物。】

凶凶虎：药材？哪来的珍贵药材？

大象医生：这些都是药材啊！对于我大象医生来说全都是宝啊！

【背景为中药夜明砂和蝙蝠。喜鹊上前一步。】

大象医生（手指喜鹊托着的夜明砂）：你看，这是"夜明砂"，就是蝙蝠的粪便，具有清肝明目的功效，对眼结膜下出血、晚上看不清东西等症状，有很好的疗效。

【背景为中药白丁香和麻雀。】

大象医生：这是白丁香，是麻雀的粪便。它有消积、明目的功效，还能治疗扁桃体炎。用它洗手，能使皮肤光滑，有保护手的作用。

【背景为中药五灵脂和鼯鼠。】

鼯鼠：这是我们鼯鼠的大便——中药五灵脂。它是一种常用的活血解毒药。如果被毒蛇、蝎子、蜈蚣等咬伤，可以用它来治疗哦！

【背景为中药望月砂和野兔。】

野兔：我献上的望月砂，是我们野兔的大便。它能解毒杀虫，还有通便的作用呢。

【背景为化香夜蛾和它的粪便、米黑虫和它的粪便。】

**大象医生**（用扇子指着屏幕）：除了野兔、麻雀、蝙蝠、鼯鼠的大便可以做成中药外，化香夜蛾、米黑虫等昆虫的粪便可以做成虫茶……

**大象医生**：要注意，这些中药材都是经过特殊加工的，不要自己收集后直接使用哦！

**凶凶虎**（不那么凶了）：哦！原来是这样。

**俏狐狸**：哇，真是太神奇了！难以想象。

## 第四幕　大象医生的回礼

**大象医生**：中医药疗效显著，在抗击新冠肺炎中大显身手。中医辨证求因，从人体的整体出发，用药物治疗局部病变——这与西医不同。中医药是祖先留给我们的宝贵财富！

**凶凶虎**：我们真是太孤陋寡闻、见识短浅了。

**灰灰狼**：我们更不应该抢东西。

**俏狐狸**（摇了摇尾巴）：大象医生，请您原谅我们吧！

【背景为咖啡豆和麝香猫。】

**大象医生**：你们能认识到自己的错误就好！来，品尝一下我们特制的猫屎咖啡。

**灰灰狼**：嗯，这是我喝过的最好喝的咖啡……

**大象医生**：它的咖啡豆来自麝香猫的粪便，由于经过了胃的发酵，香味特别浓，是国际市场上的抢手货。

**大象医生**（转向孔雀）：麻烦你把那个大盒子递给我。这是我送给大家的礼物——龙涎香水。

【背景为龙涎香水和抹香鲸。】

**狐狸**：我喜欢！我喜欢！

**孔雀**：大象医生，这龙涎香是……抹香鲸的分泌物吗？

**大象医生**：龙涎香是抹香鲸的肠内分泌物，它是各类动物排泄物中最名贵的中药，极为难得。自古以来，龙涎香就作为高级香料使用，它价格昂贵，差不多与黄金等价。

**凶凶虎、灰灰狼、俏狐狸**：大象医生，太感谢了，我们今天不仅收到了这么好的礼物，还增长了知识。

**大象医生**：今天我们了解的只是中医药文化的冰

山一角,《本草纲目》中记载了很多神奇的中药。让我们一起走进中药科学世界,多多了解、多多研究吧!

　　【欢快的音乐响起。屏幕背景呈现当归、紫苏、三七等常见中药材。小动物集体欢乐地舞蹈。幕落。】

# 流星奇缘

## ——动植物医生

请扫码观看哦！

# 服　装

野兔：兔耳头饰、白色绒毛颈饰、白色绒毛点缀银色亮片吊带、白色绒毛短裤、白色绒毛袜套、白色舞鞋

山鸡：彩色羽毛礼帽、孔雀蓝亮片吊带裙（裙摆点缀白色绒毛）、白色舞鞋

小鹿：鹿角头饰、梅花鹿花纹毛绒连体衣

大腹园蛛：黑色帽饰、黑色连体衣、蜘蛛脚

龟博士：黑色礼帽、黑色亮片爵士套装、绿色可穿龟壳抱枕、黑皮鞋，拐杖一支

山羊：山羊角头饰、浅咖色连体衣

螳螂：绿色螳螂头饰、绿色螳螂款连体衣

小猪：小猪耳饰、浅粉色镶嵌亮片短上衣、粉色网纱蓬蓬裙、粉色舞鞋

欧椋（liáng）鸟：蓝白亮片连衣短裤加白色羽毛连体衣、白色舞鞋

红蚁：蚂蚁帽饰、黑加玫红色横条纹连体短裤、玫红色鞋套

# 场　景

# 人　物

野兔：自信、勇敢

山鸡：美丽、有才华

小鹿：活泼、机灵

大腹园蛛：憨厚、诚实

龟博士：学识渊博

山羊：热情、有礼

螳螂：灵敏、机智

小猪：呆萌、可爱

欧椋鸟：聪明、友善，四只

红蚁：胆小、团结，四只

## 第一幕　蜘蛛网止血

音乐响起。背景为森林。道具有大树一棵，土丘两个，草丛两个，轮胎两个（罩着布）。

**旁白：**夏日的清晨，森林蒙上了一层轻纱般的薄雾，清新、安宁。滴答——滴答——露珠慢慢地从草尖上落下，喇叭花微微地探出小脑袋，小动物们从甜美的梦中醒来啦。

**野兔**（跑来跑去）：号外，号外！据气象站预测，今天晚上在流星城有难得一见的流星雨，大家都去看啊！

**山鸡：**哇，流星雨！我要去看看！

**旁白：**突然，野兔被草叶的大锯齿割伤了脚。

**野兔：**哎呀，好疼……

**山鸡：**血……血……流血了！啊……我头晕！我晕血！我要晕倒啦……

**野兔：**山鸡不要慌，我去去就来！

**大腹园蛛：**你，你要干什么？

**野兔：**小蜘蛛，我的腿受伤了，借你的蜘蛛丝止

止血。

**大腹园蛛**：哇，我的蜘蛛丝还有这种功效？以后我可要收费啦！

**旁白**：大腹园蛛三下两下就从树上爬下来，将蛛丝缠绕在野兔的伤口处。

【野兔回到山鸡跟前。】

这种叫大腹园的蜘蛛有很多，它的网丝有止血镇痛的功能哟！

**野兔**：山鸡妹妹，这么点儿血就把你吓晕了啊！快起来。

【野兔找了一根树枝，刺激鸡爪。山鸡醒来。】

**野兔**：瞧，不流血了！

**山鸡**：哇！好神奇的蜘蛛丝呀！

**野兔**：是大腹园蛛的丝，有止血镇痛的功能哟！大腹园蛛很常见……

**山鸡**：野兔，你能不能低调点儿！

**野兔**：实力不允许啊！

**山鸡**：好了好了，我们还要通知其他小伙伴一起去看流星雨呢！

【音乐响起。小鹿上场。】

**小鹿**：快走快走，我也去看流星雨！

## 第二幕　山鸡接骨

音乐响起。背景为丘陵。道具有大树一棵，土丘两个，草丛两个，轮胎两个（罩着布），绳子一条，带细草的泥巴。山鸡和小鹿被树枝绊倒跌下山坡。小鹿挣扎着爬起来，山鸡不能动弹。

**山鸡**：哎哟——

**小鹿**：快来救救山鸡！

【音乐响起。山羊闻声赶来。】

**旁白：** 小动物们打好了安全绳结，七手八脚地把山鸡拉了上来。

**山鸡：** 咕咕！我的腿好痛，好像骨折了。

**山羊：** 怎么办啊？怎么办啊？

**野兔：** 我们抬着山鸡去医院吧！

**山鸡：** 不用不用，你们帮我找些细草和软泥就行了。

**山鸡**（把细草和软泥抹在腿上）：啊哈，我的腿固定好了！你们搭把手，我就可以和你们一起到流星城啦。

**山羊：** 哇！你这个技术真先进，什么时候也教教我这个技术呗！

**山鸡：** 不行不行！这是独——门——绝——技，不外传的哦！我山鸡拥有版权！

**小鹿**（仰慕）：山鸡山鸡，你是全宇宙最美丽、最有才华的山鸡！你……

**山鸡：** 停停停！我教我教！你们瞧，我把细草和软泥敷在骨折的腿上，等泥巴干透变硬，受伤的腿会被固定住，这样就可以啦！

小鹿：太好了，太好了，野兔和山鸡都棒棒的！
（鼓掌）

## 第三幕　螳螂感知声波

音乐响起。背景为湿地。道具有大树一棵，土丘两个，草丛两个，轮胎两个（罩着布）。龟博士上场。

野兔：看，前面背着大壳的是谁？

山鸡：是学识最渊博的龟博士呀！

山羊：龟博士，我们要去流星城看流星雨，您要一起去吗？

龟博士：嗯嗯，这倒是个不错的建议！

小鹿：你们快看，那是谁啊？

野兔：啊，是一只螳螂！螳螂，你在干什么呀？

【螳螂没有反应。大家你看看我，我看看你，感觉很奇怪。】

山鸡（走近螳螂大声说）：螳螂兄弟，你在干什么呀？

螳螂：我，我，我的耳朵不舒服。

山羊：我们来帮你看看！

小鹿：咦，真奇怪，你的耳朵在哪里呀？

龟博士：螳螂只有一只耳朵，不在脑门儿上，而是在两腿之间。

螳螂只有一只耳朵，不在脑门儿上，而在两腿之间。

山鸡：嗯，找到了，在这儿呢！

螳螂：哎哟，疼死我啦！你在干什么？

山鸡：别动，别动，有根狗尾巴草堵住了你的耳朵！我来帮你拿掉。

**螳螂：**谢谢你！我的耳朵现在可舒服啦！又能感知蝙蝠的回声定位了！

**龟博士：**蝙蝠是螳螂的天敌！螳螂的耳朵很神奇，能检测到蝙蝠的声波有没有将自己锁定，这样就可以及时躲避啦！

**山鸡：**原来你的耳朵这么奇特！螳螂兄弟，要不要一起去看流星雨呀？

**螳螂：**好啊，我也去！

**旁白：**一路上，他们又召集了欧椋鸟、小猪。

## 第四幕　蚁酸消炎

音乐响起。背景为草原。道具有大树一棵，土丘两个，草丛两个，轮胎两个（罩着布）。四只蚂蚁、四只欧椋鸟上场。

**旁白：**他们来到了一望无边的草原。突然，欧椋鸟对着地面上的红蚁发起了攻击。

**山羊：**欧椋鸟，欧椋鸟，你们干什么呀？

**旁白：**真是蚁多力量大，红蚁们毫不客气地向欧

椋鸟发起了反击。

**野兔**：怎么办啊？怎么办啊？

**欧椋鸟**：红蚁兄弟，对不起！我们的关节炎、老寒腿发作，刚才是假装攻击。谢谢你们注射的蚁酸，现在我们的腿好多啦！

红蚁的蚁酸不但可以帮欧椋鸟治疗关节炎，还可以杀灭附着在腿上的寄生虫，可谓一举两得！

**野兔、小猪、小鹿、山羊、山鸡**：哦！

**龟博士**：红蚁的蚁酸不但可以帮欧椋鸟治疗关

节炎，还可以杀灭附着在腿上的寄生虫，可谓一举两得！

**红蚁**：原来是这样！我们是互帮互助的好朋友。

**欧椋鸟**：小红蚁们，快爬到我们的背上来，一起去看流星雨吧！

## 第五幕　黄花蒿解暑

音乐响起。背景为黄土高原。道具有大树一棵，土丘两个，草丛两个，轮胎两个（罩着布），黄花蒿一束，扇子一把。

**旁白**：夏日的太阳火辣辣地照射着大地，小动物们长途奔波，又热又累。

【突然，小猪中暑倒地。】

**山鸡**：哎呀，小猪小猪！你怎么了？

**龟博士**：快散开，他一定是中暑了！（用扇子扇，给小猪解暑）大家帮忙去采些黄花蒿来，路边就有。黄花蒿是菊科蒿属，叶片呈黄绿色或棕黄色，有点儿像纸的感觉；香味奇特，尝起来味道有点儿苦。

**小动物们**：好的，好的，我们赶紧分头去找。

野兔：龟博士你看，这是黄花蒿吗？

龟博士：是的，赶紧喂给小猪吃。

小动物们：小猪快醒醒，你现在感觉怎么样？

小猪：我现在好多了，谢谢你们救了我！

小鹿：幸亏龟博士知识渊博，知道黄花蒿能够解暑！

龟博士：是的，黄花蒿不但能解暑，还能清热凉血，治疗疟疾。

小动物们（齐声拍手欢呼）：真是太神奇了！

## 第六幕　流星雨心愿

音乐响起。背景为北极。道具有一棵树，两个蘑菇屋。

旁白：小动物们穿过森林，越过高山，走过湿地、草原和高原，终于到达了流星城。

野兔：晚上十点有流星雨哦！

欧椋鸟：哇，快看，流星雨！

其他小动物（抬头，惊叹）：好美哟！（双手抱胸许愿）

龟博士：谁的愿望是长大做一名中医？

小动物们：我！我！我！求索之路无止境，让我们一起快乐追梦吧！

【歌曲《天天向上》响起。所有演员一起跳舞。】

科普剧

# 嗡嗡嗡，蚊子飞来了

请扫码观看哦！

# 服　装

库蚊：黄色上衣、裙裤、黑皮鞋、黑手套、蚊喙头饰

按蚊：黑白西装、翅膀、黑皮鞋、蚊喙头饰

伊蚊：黑色亮皮蓬蓬裙、黑短靴、黑手套、蚊喙头饰

煞蚊：黑金旗袍、黑皮鞋、黑花头饰

大蚊：街舞黑蓬蓬袖上衣、裙裤、黑手套、黑短靴、蚊喙头饰

捕食冠军：簸箕和扫帚做成的翅膀、蚊喙头饰、扇子一把

母蚊子甲、乙：上红下黑蓬蓬裙、黑连袜裤、黑舞蹈鞋、蚊喙头饰

公蚊子甲、乙：黑色衬衫、黑色西裤、黑皮鞋、蚊喙头饰

狸花猫：白色毛绒上衣短裤、猫面具

小香猪：亮片无袖上衣、亮片短裤、猪面具、猪尾巴

老黄牛：黄褐色二仔衣、牛角发箍

风风、火火：园服

磨磨、叽叽：园服

## 场　景

第一幕　蚊子家族
第二幕　干饭不容易
第三幕　捕食冠军的经验
第四幕　人血真好喝
第五幕　食物链的一环

## 人　物

库蚊：勤劳、能干

按蚊：冷酷、危险

伊蚊：灵敏、机智，四只

煞蚊：妖娆、娇情，充满美洲风情

大蚊：魁梧、忠厚

捕食冠军：专业、热情，是按蚊

母蚊子甲、乙：机灵、狡诈，是按蚊

123

公蚊子甲、乙：胆小、老实，是按蚊

狸花猫：傲娇

小香猪：胖嘟嘟，两只

老黄牛：勤恳

风风、火火：冒失、活泼

磨磨、叽叽：博学、谨慎

## 第一幕　蚊子家族

音乐声起。背景为森林。道具有大树一棵，大草丛两个，池塘一个。森林里真热闹，各种蚊子分别上场，表演一段歌舞《学蚊叫》，退场。只剩下库蚊。

**库蚊：**大家好，我是库蚊，也有人叫我家蚊。我是最常见的蚊子，夜间藏在你家吸血的就是我。

**库蚊：**我有棕黄色的身体，大大的翅膀，翅膀上没有花斑。

【库蚊嗡嗡嗡飞走。按蚊上场。】

**按蚊**（清唱）：我还是从前那个少年，没有一丝丝改变，大大的翅膀，漂亮的斑点，灰色的身体，这就是就是就是我……（清唱结束）我是世界上最危险的蚊子——按蚊，也叫疟蚊，是携带病原体最多的蚊子。

**按蚊**：我能把疾病传播给人类，其中令人类最闻风丧胆的，当属疟疾。每年有 70 多万人因蚊子叮咬而死，嘿嘿——千万别让我碰到你哦！（酷酷的动作）

【按蚊退场。光线转亮，伊蚊出场。】

**伊蚊**（四只，重重的脚步声）（清唱）：太阳当空照，花儿对我笑，小鸟说早早早，你为什么背上小书包……（清唱结束）又到了我最喜欢的白天了，我要找一个凉快的地方待着。（坐到舞台中间）我是伊蚊，我的翅膀上没有斑点，但是身体上有很多黑白花纹，你们可以叫我"花斑蚊"。

**伊蚊**（四只）：世界上最凶猛的蚊子就是我，你们瞧，前后滚翻、俯冲、急转弯（三只同类蚊子后面做演示）都是我们的绝活儿。我们会传播登革热、乙型脑炎、基孔肯雅热等疾病。哎呀，天黑了，我要回家了。

【四只伊蚊退场。拉丁音乐响起。周围蚊子闪光灯，煞蚊出场。】

**煞蚊**（猫步）："轻轻地我走了，正如我轻轻地来；我轻轻地招手，作别西天的云彩……"

**库蚊、按蚊、伊蚊**（围观、拍照）：哇，好漂亮！

**煞蚊**：我是集颜值和才华于一身的煞蚊，我生活在拉丁美洲，是极其稀有的物种。可不要被我的外表迷惑，我的吸血能力不输伊蚊。"悄悄地我走了，正如我悄悄地来；我挥一挥衣袖，不带走一片云彩。"

森林里池塘旁，一群饥饿的小蚊子外出觅食，总也找不到合适的食物。

【煞蚊妖娆地飞走。粉丝团库蚊、按蚊、伊蚊下场。播放音乐，大蚊出场。】

**大蚊**（一出场所有小蚊子都躲起来）：哎哟哟，我飞不动了！大家别害怕呀，我是最无辜的蚊子——大蚊。别看我的体长在一厘米以上，但是我的寿命只有十来天，仅靠吸食点儿露水过活，我的一生和吸人血沾不上边，快来和我做好朋友吧！

【夜幕降临。音乐声起。】

**库蚊、伊蚊、按蚊、煞蚊**：肚子好饿呀，我找吃的去啦！

## 第二幕　干饭不容易

背景为小城镇。道具有大树一棵，大草丛两个，池塘一个。狸花猫和小香猪在睡觉，老黄牛在吃草。嗡嗡声响起。

**伊蚊**（打着灯）：冲啊！（一个箭步冲到库蚊前面，用力吸狸花猫的血）

【猫叫声响起。猪叫声响起。】

**库蚊**（兴奋地）：快看，肥美的小香猪！

**伊蚊**（用力抹掉嘴上的毛）：啊呸，血没吸到，倒是吸了一嘴的毛！看来黑夜真不适合干饭。

**按蚊：**哎哟哟，我的蚊喙上全是油！真是头肥猪，我一口血都没有吸到，白费力气！

【牛叫声响起。】

**煞蚊：**我看到了一头老黄牛，他的血一定很好喝。嘿嘿，我去了！（妖娆地飞到老牛身边）

煞蚊：我看到了一头老黄牛，他的血一定很好喝，嘿嘿，我去了！

**煞蚊：**救命！救命！我的蚊喙拔不出来了！

**库蚊、按蚊、伊蚊：**一二三，我拔我拔，我拔拔拔！

**煞蚊：**轻点儿，轻点儿，可别破坏了我的颜值。

**库蚊、按蚊、伊蚊：**都这时候了，保命要紧。

**旁白：**只听"扑通"一声，煞蚊一屁股坐在地上。

**煞蚊**（伤心大哭）：我的蚊喙啊……我美丽的翅膀啊……我要去看整形科医生。喝口血可真不容易！

【蚊子声响起。煞蚊伤心退场。其他蚊子无奈地叹气、摇头。】

## 第三幕　捕食冠军的经验

背景为小城镇。道具有大树一棵，大草丛两个，池塘一个，靠背竹椅一个，找食材工作台一个。轻松欢快的音乐响起。捕食冠军出场。

**捕食冠军：**新鲜食材满大街，吸得我的肚子大又圆，大又圆！忽闻似有美味血，飞出屋外觅食来，觅食来。（众蚊子围观）

**按蚊：**冠军冠军，我们都饿坏了。

**伊蚊：**冠军冠军，你的新鲜食材从哪里来啊？

**煞蚊：**是呀是呀，你快教教我们吧！

【两只蚊子推来找食材的工作台。】

**捕食冠军**（坐在凳子上，一只蚊子给冠军捶腿）：一看就是外地蚊子，问我就对了。我喜欢选择人类的血，容易获取，一叮就中，很少失口。

**捕食冠军**：别看我们蚊子视力差，在我们的头上和腿上，分布着大量的感受器（边说边拉一只蚊子指示），可以感受人类呼出的二氧化碳、散发的热量和气味，有这三样东西的地方一定有好吃的。

【一只蚊子举起牌子"二氧化碳"，一只蚊子举起牌子"热量"，一只蚊子举起牌子"气味"。】

**捕食冠军**：什么样的人产生的二氧化碳和热量多呢？呼吸快的人、爱出汗的人、新陈代谢旺盛的人、穿深色衣服的人和孕妇！此外，爱化妆的人也很有诱惑力哦！

**捕食冠军**（起身）：各位同类，起立！一二一！向着最优质的血源出发！

**其他蚊子**：一二一！向着最优质的血源出发！

**捕食冠军**：一二一！向着二氧化碳和热量出发！

**其他蚊子**：一二一！向着二氧化碳和热量出发！

【蚊子的叫声响起。全体蚊子排队飞走。】

## 第四幕　人血真好喝

道具有大树一棵，大草丛两个，池塘一个，蚊帐一个，蚊子拍一个。夜幕降临，风风、火火在蚊帐外入睡，磨磨、叽叽在蚊帐里酣睡。嗡嗡声响起。蚊子们飞来，叮不到蚊帐里的磨磨、叽叽，飞向了风风、火火。

**母蚊子甲**：嘘——这个小朋友一定很美味。（在风风的胳膊上叮了一大口）

**风风**：春眠不觉晓，处处蚊子咬。好痒好痒，有蚊子！

**火火**（迷迷糊糊中开灯）：怎么了风风？

**风风**：这里有蚊子！哪里跑？让你吸我的血！（啪啪到处乱打）

**公蚊子甲**（吓得发抖）：别打别打，刚刚吸你血的可不是我。

**风风**：就是你，还敢狡辩？（伸手准备打）

**公蚊子甲**：真的不是我呀，我是公蚊子。我是来看热闹的。

**公蚊子乙**：我作证，不是他！我们都是公蚊子，从来不吸血；吸你们血的是那群母蚊子。（手指远处几只吸足血在休息的母蚊子）

**风风**（烦躁地挠胳膊）：看看，我的胳膊被咬了一个包，痒死了。

**磨磨**（慢条斯理）：蚊子的有机酸刺激皮肤产生炎症。这时候最好不要抓，抓破会感染的。

**火火**：你看风风现在都抓红了，可怎么办啊？

**叽叽**：哎呀，抹上风油精或花露水就好啦！没有这些就抹点儿大蒜或芦荟！还没有？就用盐水、肥皂、牙膏处理……

**风风**：嗯，果然舒服多了。

## 第五幕　食物链的一环

背景为室内。道具有大树一棵，大草丛两个，池塘一个，候鸟吃蚊子，蚊子给巧克力树的花朵授粉。嗡嗡嗡，母蚊子飞过来了。风风、火火挥手就打。

**风风、火火**：该死的母蚊子，看我不打死你！

**母蚊子甲**：求求你不要打我，我肚子里还有孩子！

**母蚊子乙**：手下留情，手下留情，我们只吸了你一点点血，不要紧的！

【道具候鸟吃蚊子。】

**磨磨**：且慢且慢，听我一句！在俄罗斯的北极地区和加拿大，伊蚊在空中形成厚厚的云，是候鸟的重要食物。

【道具蚊子给巧克力树的花朵授粉。】

**叽叽**：嗯嗯，蚊子是食物链的重要一环，是很多动物的美食。此外，很多植物靠蚊子授粉，一些蠓科蚊子是可可树的传粉昆虫，消灭了它们，我们就没有巧克力吃啦。

**火火**：啊，那可不行，我最喜欢吃巧克力了。

**磨磨**：如果把蚊子种群消灭了，生态系统也会出现大动荡！这可使不得！

**叽叽**：我们可以文明防蚊，使用蚊帐、蚊香、驱蚊手环、驱蚊贴、驱蚊仪器、驱蚊植物等，让蚊子不能靠近我们。

我们可以文明防蚊，使用蚊帐、蚊香、驱蚊手环、驱蚊贴、驱蚊仪器、驱蚊植物等。

【全体上场。音乐声起。】

**风风、火火、磨磨、叽叽**（快板）：蚊子蚊子，远离它，驱蚊措施用起来。

**全体蚊子**（快板）：地球生态是一家，生态平衡靠大家。

【全体演员跳舞。幕落。】

科普剧

# 天生我"舌"必有用

# 服　装

鹦鹉：红色带羽毛头套、红色背心加彩色翅膀、红色短裤、红色中筒鞋套

大象老师：灰色大象头套、灰色连体衣、灰色手套、灰色鞋套，放大镜一个

嘟嘟狗：咖色小狗头套、咖色连体衣、咖色手套和鞋套

袋鼠：橘棕色头套、橘棕色连体衣、橘棕色手套和鞋套

灵灵蛇：花色小蛇头套、花色短袖上衣、白色纱纱裙、花色鞋套、花色蕾丝边手腕套

巨蜥：黄绿色迷彩蜥蜴头套、黄绿色迷彩连体衣带尾巴、黄绿色手套和鞋套

美美猫：白色小猫头套、白色连体衣、白色手套和鞋套

威威虎：老虎头套、老虎纹连体衣、老虎纹手套和鞋套

小蜗牛：绿色蜗牛头套、绿色连体衣、绿色手套

和鞋套、绿色螺旋图案蜗牛壳

蝙蝠：黑色蝙蝠头套、黑色连体衣带翅膀、黑色鞋套

小朋友：园服

# 场　景

第一幕　谁的舌头最厉害

第二幕　舌头散热

第三幕　舌头捕猎

第四幕　舌头怪中怪

第五幕　天生我"舌"必有用

# 人　物

鹦鹉：骄傲、嘚瑟

大象老师：公正、德高望重

嘟嘟狗：忠厚、友善

袋鼠：活泼、自信

灵灵蛇：灵敏、机智

巨蜥：冷酷、危险

美美猫：妖娆、矫情

威威虎：威严、霸道

小蜗牛：迷糊、憨厚

蝙蝠：轻盈、敏捷

小朋友：朝气蓬勃

## 第一幕　谁的舌头最厉害

音乐响起。背景为林中草地。道具有大树两棵、草丛两个、椅子一把。大象坐在椅子上敲鼓，袋鼠弹吉他，美美猫拉小提琴。

**旁白：** 森林里真热闹，小鸟叽喳，动物欢叫。鹦鹉小姐最抢眼——她会唱歌！

**嘟嘟狗：** 啧啧，瞧鹦鹉那嘚瑟样儿。会模仿人声有什么了不起！不就是鹦鹉学舌嘛！

**灵灵蛇：** 就是，她的舌头会唱歌，我的舌头也很厉害。（吐着蛇信子）

**威威虎**（龇牙，低吼）：你的舌头厉害？哼！你还没看见过我的舌头吧？（伸了伸舌头）

**大象老师：** 大家别吵了，我们来比一比，看看谁的舌头最厉害。

小朋友在唱歌，鹦鹉也学
着小朋友唱歌。

**美美猫：**好啊，趁大伙都在，咱们来场"'舌'与
争锋辩论大赛"。

**动物们：**辩论大赛！辩论大赛！森林里要举办辩
论大赛啦！

**嘟嘟狗：**辩论大赛得有评委，我们就请大象老师

担任吧，他一定会公平的。

**大象老师：**好好好，我来给大家做评委。

【动物们四下散开，分工布置大赛会场。】

## 第二幕  舌头散热

音乐响起。背景为林中草地。道具有大树两棵、草丛两个、椅子一把、横幅"'舌'与争锋辩论大赛"（红色底）一个、小桌子一张、小木屋一个。

**大象老师：**我宣布，"'舌'与争锋辩论大赛"正式开始！谁先来？

【音乐起。"散热组"嘟嘟狗、袋鼠出场。背景为狗热得吐舌头。】

**嘟嘟狗：**我先来，我先来。（吐吐舌头）我的舌头用处可大了，不仅能清理伤口，还能调节体温。天气炎热时，我们可以伸出舌头散热。（吐吐舌头）

【背景为袋鼠舔手散热。】

**袋鼠：**没错，我们的舌头就是台"空调机"。（舔舔手）夏天，我们舔舔手，舔舔脚，就会感觉很凉快。（舔舔手）

夏天天气好热，小狗伸出长长的舌头，这样能让它凉快一点儿。

鹦鹉：舔手能降温？

袋鼠：没错，口水蒸发时可以带走热量，使体温快速降下来。

大象老师：消暑降温好神奇，你们的舌头好独特呀！

## 第三幕　舌头捕猎

音乐响起。背景为林中草地。道具有大树两棵、草丛两个、椅子一把、横幅"'舌'与争锋辩论大赛"（红色底）一个、小桌子一张、小木屋一个。

**大象老师：**还有谁想为自己的舌头发声？

【音乐起。"捕猎组"灵灵蛇和巨蜥走上舞台。背景为蛇吐信子。】

**灵灵蛇、巨蜥**（快板说唱）：我的舌头窄又厚，我的舌头细又长，吐吐舌头辨方位，嗅嗅气味追猎物，我们是捕猎小能手，小能手！

【背景为巨蜥伸舌头捕猎。】

**巨蜥：**捕猎时，我的舌头迅速出击，加速度是喷气式飞机的五倍呢！

**灵灵蛇：**我的眼睛高度近视，可我的舌头是个"探测仪"，通过气味就能判断猎物的位置。

**大象老师：**哇，舌头帮助你们成为了不起的猎手！（竖起大拇指）

【音乐起。"武器组"美美猫、威威虎出场。】

**威威虎：**轮到我们了，你们都下去！（尾巴一扫，吓得灵灵蛇和巨蜥四处逃窜）

【背景为猫用舌头梳理毛发。】

小猫的舌头上面长满了倒刺，它用舌头舔毛就像小朋友用梳子梳头发一样。

**美美猫：**我的舌头上面长满了倒刺，就像梳子一样，把我们的毛发梳理得柔顺又光洁，大家都叫我"美美猫"。

【背景为老虎用舌头舔食猎物。】

**威威虎：**就知道臭美，说不到重点，要让大家知道我们的舌头有多厉害。瞧，我舌头上的倒刺像锉刀一样坚硬，能把猎物连皮带肉舔得干干净净。（做舔的动作）

【说完，威威虎大吼一声，地动山摇，小动物们吓得瑟瑟发抖，树上的小蜗牛都被震落下来。】

## 第四幕　舌头怪中怪

音乐起。背景为林中草地。道具有大树两棵、草丛两个、椅子一把、横幅"'舌'与争锋辩论大赛"（红色底）一个、小桌子一张、小木屋一个。"秘密组"小蜗牛出场。

**小蜗牛**（迷迷糊糊）：咦，我是谁？我在哪儿？

**威威虎**（傲慢地瞟了他一眼）：走开走开，你这个小不点儿，我们在进行辩论大赛，你又没有舌头！

**美美猫：**就是就是，他那么小，怎么可能有舌头呢？

**小蜗牛**（扭扭捏捏）：威威虎大王，别看我长得小，我也有舌头。（张开嘴巴伸出舌头）

**大象老师**（从口袋里拿出放大镜细细看，惊讶）：哇！我可从来没见过这样的舌头，真是太奇怪了！

【动物们纷纷围上去看个究竟。背景为蜗牛的牙齿。】

**美美猫**（夺过放大镜）：舌头上这些密密麻麻、奇奇怪怪的是什么？1、2、3、4、5、6、7、8、9、10……怎么数也数不清？

**小蜗牛**：哈哈，我的舌头上面长着大约2万颗牙齿，科学家称它为"齿舌"。不管什么样的叶子，我都能嚼碎了吃下去；就算把我关在硬纸盒里，我也能咬破盒子逃出来。

**灵灵蛇**：小小的蜗牛，竟然有这么厉害的舌头！今天可长知识啦！

【夜幕降临，树洞里的蝙蝠飞出来，在赛场上盘旋。】

**大象老师**：天快黑了，辩论大赛该结束了。

**蝙蝠**：等等，我也想参加。

**大象老师**：好，张开嘴巴让大家瞧一瞧。

【蝙蝠张开嘴巴。小动物们在蝙蝠嘴里上上下下找了个遍，也没有发现他的舌头。】

**大象老师**：咦，你的舌头呢？

灵灵蛇：没舌头也来参加比赛？

蝙蝠（扇动着翅膀，得意）：嘿嘿，我有舌头，但不是长在嘴巴里哦。

鹦鹉：稀奇，稀奇，真稀奇。你的舌头到底在哪里？

【小动物们十分惊讶，围着蝙蝠猜来猜去。蝙蝠摇头否定。背景为蝙蝠吐舌头。】

蝙蝠：我的舌头藏在胸腔里，比身体还要长呢（吐舌），我的舌头在夜间觅食的时候伸出来。

威威虎：没想到蜗牛和蝙蝠的舌头那么神奇，真是让我们大开眼界！长知识啦！长知识啦！

## 第五幕　天生我"舌"必有用

鹦鹉：哼，我的舌头不仅能模仿人语，还能发出鸟鸣和兽叫声。你们的舌头再厉害，也不会说人语。（神气活现）

小朋友（从小屋里走出来）：人类的舌头很神奇，可以品尝味道，可以帮助说话，还能反映健康状况呢！

【背景为中医六种舌象：淡红舌、淡白舌、红舌、绛舌、紫舌、青舌。】

**动物们**（争得面红耳赤）：我不服！我不服！我的舌头最特别！我的舌头最特别！

**大象老师**：很多没来参赛的动物朋友，舌头也很特别！青蛙的舌头像个弹射器，能迅速黏住小虫子；小企鹅的舌头长着尖牙，像个小钩子，能咬到滑滑的鱼虾；蜜蜂的舌头像根吸管，能把花粉吸入体内……大家为了生存，进化出了独一无二的舌头。

**大象老师**：所以，天生我"舌"必有用！我宣布，本次辩论大赛，每位参与者都是第一名！

**动物们**（高兴地互相击掌，发出欢呼）：哦！哦！天生我"舌"必有用！我们都是最棒、最特别的！

【音乐响起。全体演员高兴地跳起了舞，森林里洋溢着快乐的气息。落幕。】

创意变变变

# 中国节气之美

请扫码观看哦！

# 服　装

朗诵者五人：汉服五套
黄鹂鸟：提杆黄鹂鸟
蛇：提杆蛇两条
蜘蛛：手举蜘蛛
书法冠军：汉服一套
蜻蜓：一人拿两只
大雁：一人拿三只
寒号鸟：一人拿

# 场　景

第一幕　惊蛰
第二幕　夏至
第三幕　秋分
第四幕　大雪

# 人　物

朗诵者五人

黄鹂鸟

蛇两条

蜘蛛

书法冠军一人

蜻蜓两只

大雁三只

寒号鸟一只

 第一幕 惊蛰

道具有大树、桃花五对、黄鹂鸟一只、树叶五对、蜘蛛一只、蛇两条、卷轴书法《惊蛰》。音乐响起。

**朗诵者**：春雷响，万物长，春风起兮云飞扬。桃始华，鸧鹒鸣，品物皆醒映春祥。草木开，新叶生，虫蛇苏醒游走忙。

【使用形体语言表演：树上桃花绽放，黄鹂鸟欢快地鸣叫。桃花谢了，叶绿了，虫蛇冬眠醒来，肆意爬行。】

**书法冠军**（上场）：游走忙！（举起书法《惊蛰》）

 第二幕 夏至

道具有绿扇子十一把、荷花一朵、白云两朵、蜻

蜓两只、卷轴书法《夏至》。音乐响起。

**朗诵者：**白云悠悠六月中，风光不与四时同。接天莲叶无穷碧，映日荷花别样红。

白云悠悠六月中，风光不与四时同。
接天莲叶无穷碧，映日荷花别样红。

【使用形体语言表演：蝉鸣声起，白云悠悠；荷花含苞绽放，蜻蜓飞舞，一片夏日荷塘好风光。】

**书法冠军**（上场）：别样红！（举起书法《夏至》）

## 第三幕　秋分

道具有白云两朵、落叶一桶、大雁三只、月亮（黄气球）、菊花四棵、卷轴书法《秋分》。音乐响起。

**朗诵者：**秋风起兮白云飞，草木黄落雁南归。昼夜平分月如水，庭前篱外菊花肥。

秋风起兮白云飞，草木黄落雁南归。
昼夜平分月如水，庭前篱外菊花肥。

【使用形体语言表演：秋风起，雁南归，树叶渐黄，随风飘落；冷月高悬，菊花开满了篱笆。】

**书法冠军**（上场）：菊花肥！（举起书法《秋分》）

## 第四幕　大雪

道具有雪两桶、红梅四对、炉火（红扇子）、寒号鸟
一只、树干积雪六条、兰草三株、卷轴书法《大雪》。音
乐响起。

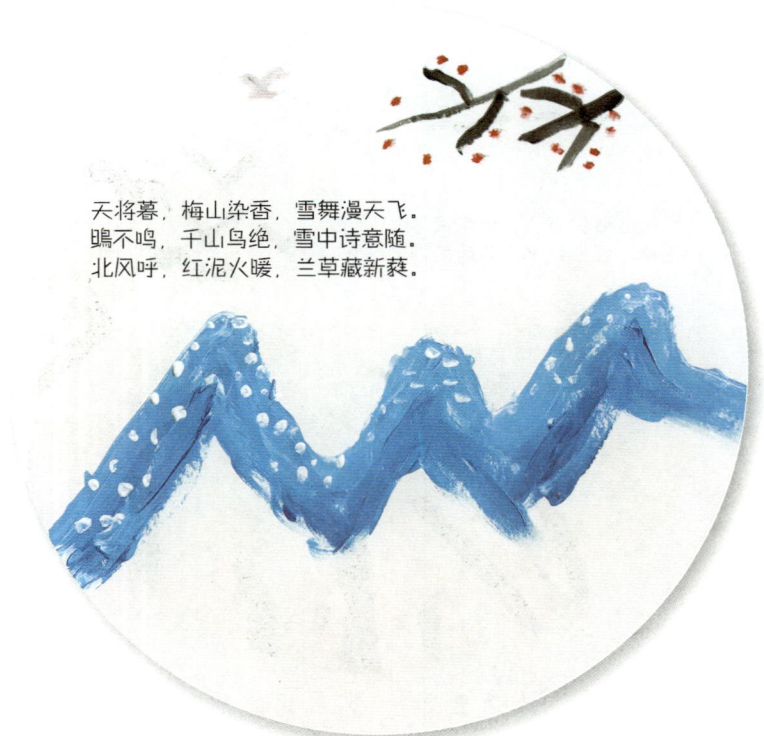

天将暮，梅山染香，雪舞漫天飞。
鹃不鸣，千山鸟绝，雪中诗意随。
北风呼，红泥火暖，兰草藏新藜。

**朗诵者：**天将暮，梅山染香，雪舞漫天飞。

鴠（dàn）不鸣，千山鸟绝，雪中诗意随。北风呼，红泥火暖，兰草藏新蕤（ruí）。

【使用形体语言表演：漫天雪舞，几枝蜡梅吐蕊；寒号鸟飞过；北风呼啸，炉火红红的，几株兰草根萌出新芽。】

书法冠军（上场）：藏新蕤！（举起书法《大雪》）

创意变变变

# 神奇的磁铁表演

请扫码观看哦！

## 服　装

磁铁娃娃：磁铁、手绘图案

## 场　景

第一幕　细胞分裂
第二幕　欧洲古典芭蕾
第三幕　现代吴桥杂技
第四幕　未来飞行器

## 人　物

磁铁娃娃

## 第一幕　细胞分裂

背景为地球早期的场景。道具为五块磁铁在一张细胞图片下。

**磁铁娃娃：**嗨，大家好，我是可以穿越时空的磁铁娃娃！快来和我一起开始神奇的旅行吧！

**磁铁娃娃**：穿越时光之门，我们来到了几十亿年前的地球。哇，这里真安静啊！那儿好像有水流的声音！哦，细胞开始分裂（做实验"会排队的磁铁"），物种开始繁衍，我们的地球将变得越来越热闹！

---

### 会排队的磁铁

**实验过程：**

准备五个瓶盖和五块小磁铁。

将小磁铁 N 极（北极）朝上 S 极（南极）朝下，分别用双面胶固定在瓶盖里。

画一张细胞图片，盖住五个粘好磁铁的瓶盖，一个大细胞就做好了。

把大细胞放入地球早期的水中，便规则地分裂成五个小细胞。

**实验原理：**

由于所有磁铁 N 极朝上 S 极朝下，根据同极相斥的原理，五个瓶盖互相远离，就像细胞分裂一样。

---

# 第二幕　欧洲古典芭蕾

欧洲古典音乐响起。背景为欧洲宫廷舞会。铅笔为芭蕾舞演员造型。

**磁铁娃娃：**穿越时光之门，我们来到了 17 世纪的欧洲。舞会进入高潮，瞧，旋转的芭蕾舞多美啊！我都看得入迷了！（做实验"磁力永动机"）

装上磁铁的"磁力永动机"旋转起来，多像芭蕾舞演员在跳舞啊！

# 磁力永动机

**实验过程:**

准备一块薄木板,画出两个大圆形和三个支撑条板的轮廓,切割。

一个圆板为顶板,在中心打一个圆孔,在边缘均匀打三个小圆孔,放三个磁铁环,磁性方向一致。

另一个圆板为底座,在中心打个小圆孔,放子母扣的子扣。

在圆形顶板和底板上分别打三对插口。插入三个条板,将顶板和底板支撑起来。

将一个磁铁环穿入笔芯,左右分别用橡胶圈固定。装扮成舞者。

将笔芯舞者穿过顶板中间的孔,笔尖放入子扣的槽中。舞者的磁铁环磁极与顶板的磁铁环一致。轻轻转动,笔芯舞者便旋转起舞。

**实验原理:**

根据同极排斥的原理,笔芯舞者竖直悬空,上面不与顶板接触,没有摩擦力;下面和子扣的接触很少。用力让笔芯旋转起来后,因为阻力微小,舞者可以转很久。

磁力永动机不是永动机哟,世界上没有永动机!

# 第三幕　现代吴桥杂技

锣鼓声响起。背景为中国"杂技之乡"——吴桥。

**磁铁娃娃：**穿越时光之门，我们来到了中国"杂技之乡"——吴桥。好热闹啊！快点儿，快点儿，节目马上开始啦！现在表演的是：叠罗汉——空中飞人。（做实验"硬币叠罗汉""迷你吊扇"）太棒了，快来点儿掌声吧！

硬币叠罗汉——多有趣的杂技表演啊！

## 硬币叠罗汉

**实验过程：**

1.表演场上，两面砖墙之间横着一把大铁尺。将三块强力磁铁环吸在铁尺下面。

2.将两个贴有笑脸的一元硬币竖立叠放在磁铁上的尺面上。

3.将另外两个贴有笑脸的一元硬币竖立叠放在磁铁下的地面上。成功啦，还可以旋转呢！

**实验原理：**

硬币靠近磁铁时，由于受到磁铁的吸引，竖立着也可以达到平衡。

## 迷你吊扇

**实验过程：**

1.将两个长条纸片摆成十字形，用两块强力磁铁上下夹好。

2.把铁钉吸到强力磁铁上面。

3.将电池的一极固定在铁钉上。

4.用导线连接电池的另一极和磁铁，小吊扇转动起来。

**实验原理：**

电池、铁钉、磁铁和导线形成一个回路，里面有电流，而电流会产生磁场。下面的磁铁也有磁场，两个磁场相互作用，磁铁受到了力，带动纸片转了起来。

# 第四幕　未来飞行器

音乐响起。背景为未来的科幻场景。

**磁铁娃娃：**穿越时光之门，我们来到了未来的世界。这里科技真发达，人们出行都是乘坐各种各样的飞行器，看，它稳稳地起飞了（做实验"会飘动的牛牛"）。我再也不用担心上学路上堵车了！

磁铁飞船带着我们
遨游太空，探索宇宙。

## 会飘动的牛牛

**实验过程：**

1.将一管纸芯竖起来，上下横插两根金属杆，制作成支架。

2.把五个强力磁铁环吸在上方的金属杆上。

3.把一次性纸杯做成牛的样子。把一个强力磁铁环系好细绳，用双面胶贴在纸杯底部。

4.把细绳系在下面的金属横杆上，轻轻拉动五个磁铁环，牛牛便飘动起来。

**实验原理：**

利用磁铁异极相吸的原理，让纸杯在空中移动。

**磁铁娃娃：**小伙伴们，世界上还有很多奥秘，让我们一起探究、一起发现吧！

创意变变变

# 嫦娥五号，筑梦苍穹

请扫码观看哦！

# 服 装

嫦娥：蓝色长裙、头饰、白色腰带、粉色披帛、粉色舞蹈鞋

旁白：园服、黑皮鞋

黑衣大人：黑色连体衣

放风筝的小姑娘：白色Ｔ恤、牛仔背带裙、运动鞋

小画家：白色Ｔ恤、牛仔背带裙、运动鞋

黑衣小人：黑色连体衣

# 场 景

第一幕　嫦娥奔月

第二幕　放风筝

第三幕　嫦娥五号发射

# 人 物

嫦娥：婀娜多姿

旁白：落落大方

黑衣大人：高大

放风筝的小姑娘：天真活泼

小画家：文艺范儿

黑衣小人：轻手轻脚

## 第一幕　嫦娥奔月

中国古典音乐响起。背景为黑色幕布。道具有两朵云、圆月、滑板车。嫦娥站在滑板车上，由黑衣大人拉着上场。天空飘来两朵云，明月高悬。

我最喜欢听嫦娥奔月的故事，听她在广寒宫里的各种传说。

**旁白：**我最喜欢听嫦娥奔月的故事，听她在广

寒宫里的各种传说。咦，这天上到底是什么样的呢？（做抬头思考状）

【嫦娥和着音乐开心地舞蹈，飞向月亮。】

# 第二幕　放风筝

音乐响起。背景为黑色幕布。道具有两朵云、风筝、草丛四个。一个小姑娘来到草地上放风筝，她一手拿着线，一手拿着风筝。

**旁白：**我最喜欢放风筝啦，看着风筝在空中自由翱翔，好开心啊！要是我也能飞到天上去，该多好啊！

（做拍手的动作）

【小女孩牵着风筝奔跑，风筝逆风飞起，在空中摇曳。黑衣大人向右移动云朵，黑衣小人向右移动草丛，制造快速奔跑的感觉。】

## 第三幕　嫦娥五号发射

音乐响起。背景为黑色幕布。道具有画笔、颜料桶、画好火箭的画板、黑色凳子、红扇子两把、两朵云。小画家拿着画笔和颜料桶上场，站在画板前，火箭图案被黑布遮挡。

哇！嫦娥五号发射成功了，大家终于能看到月球的样子了！得把它画下来，让更多人知道这个好消息！

**旁白：**哇！嫦娥五号发射成功了，大家终于能看到月球的样子了！得把它画下来，让更多人知道这个好消息！（露出自信的笑容）

【小画家绘制火箭，黑衣小人与小画家动作一致，撕下覆盖在火箭轮廓上的黑布，表现出绘制火箭的过程。火箭点火升空，黑衣小人在底下扇动两把红扇子，两朵云下降，模拟火箭发射。】

【播放鼓掌的音乐。小画家鼓掌。】

## 后记

# 科普梦的星光

无论是孩子还是幼儿园，

都需要一种力量.

一种把知识变得有趣的力量。

借助有趣的表演.

依托生动的讲述.

把"科学知识"变成"有趣的活动"，

最终回到"儿童'。


按照"知识——演绎——心灵"的发展路线，

从儿童身边的故事、游戏入手，

鼓励孩子去说、去唱、去跳、去表达，

从儿童身体的演绎走向内心的感悟，

给科普披上"好玩儿"的外衣，

为思维戴上"创造"的皇冠，

让儿童的世界更美好！